세상을 움직이는 것

김세환

이화

PROLOGUE

처음 출판 이야기가 나왔을 때 나는 펄쩍 뛰었다.

"에이, 제가 무슨 책을 써요, 사람들이 웃어요."

그러자 취기가 오른 선배는 말했다.

"너, 괴테가 〈젊은 베르테르의 슬픔〉을 썼을 때가 몇 살이었는지 알아? 스물다섯!"

손사래를 치는 나에게 그 선배는 우리가 알고 있는 유명한 사람들이 얼마나 젊은 나이에 많은 일을 했는지 줄줄이 풀어놓기 시작했다. 김영삼 전 대통령이 처음 국회의원에 당선된 것은 28세 때였고, 김대중 전 대통령은 34세에 처음으로 국회의원 선거에 출마했다는 얘기로 이어졌다.

그러고도 아쉬운지 덧붙인 한 마디,

"너, 페이스북 하지? 저커버그인가 뭔가 하는 친구가 그거 만들 때 몇 살이었는지 알아? 스무 살이야. 서른 살도 아니고 스무 살!"

술안주로 삼았던 얘기였는데 정말 이렇게 책으로 나오게 될 줄은 몰랐다. 한 번 써보자고 마음먹게 된 것은 젊었을 때 그렇게 대단한 일을 했던 사람들에 비해 늦었다고 생각해서가 아니다. 그 사람들처럼 대단한 일을 해서는 더더구나 아니다.

돌아보니 대전시티즌을 떠난 이후에도 나의 마음은 여전히 그라운드를 배회하고 있었다. 사람들을 만나면 여전히 축구 얘기를 했다. 그렇다! 아직도 가슴에 묻어둔 하고 싶은 말들이 많았던 거다. 그 말들을 하나씩 꺼내어 누군가와 얘기를 나누고 싶었다. 글을 써보자고 용기를 낸 첫 번째 이유다.

고마운 분들과 죄송한 분들이 너무 많다. 생각해보니 그분들에게 답례는 고사하고 인사도 제대로 하지 못하며 살고 있다. 그동안 잘했다는 평가를 받는 일이 있다면 그것은 모두 그분들이 있어 가능했다. 실수를 했다면 더 큰 실수를 하지 않게 한 것도 그분들이다. 내 마음을 전하고 싶었다. 이 책을 내게 된 두 번째 이유다.

1장 전반전에서는 대전시티즌 사장으로 부임해 1년여 동안 가장 기억에 남은 일들을 정리했다. 2장 하프타임에서는 내가 생각하는 대전시티즌의 우승 비결과 한국 프로축구, 특히 시민구단의 나아갈 방향을 짚어봤고, 3장 후반전에서는 대전시생활체육회와 대전시티즌 등 조직을 이끌며 깨달은 교훈을 요약했다. 끝으로 4장 연장전에서는 어린 시절부터 지금까지 나의 삶을 돌아봤다.

메모하고 기록하는 일은 좋아하지만 책을 쓰는 것은 차원이 달라서 포기하고 싶은 마음이 하루에도 열두 번이 넘게 들었다. 그러나 많은 사람들께 감사한 내 마음이라도 풀어놓아 보자는 마음으로 다시 용기를 내곤 했다.

어떻게 알았는지 책이 언제 나오느냐고 묻는 분들이 많았다. 그분들이 나를 여기까지 오게 한 가장 큰 힘이다. 틈날 때마다 조언해주고 나의 흩어진 기억을 다시 모아주는 분들도 있었다. 기꺼이 감수를 자처한 분도 있다. 일일이 이름을 거론할 수는 없지만 그분들께 진심으로 감사의 인사를 전한다.

끝으로, 내가 무슨 일을 하든 한 번도 '안티 팬'으로 돌아선 적 없는 나의 사랑하는 가족들에게도 고맙다는 인사를 하고 싶다.

2015. 11.

Contents

3 2부 리그는 있어도 2부 인생은 없다

4 꼴찌도 역전승이 가능한 세상을 꿈꾸며

1

"저는 축구를 모르는데요"

꼴찌에서 우승으로

내가 좋아하는 배우 브래드 피트가 주연으로 나온 〈머니볼〉이라는 영화가 있다. 미국 메이저리그의 만년 꼴찌 팀 오클랜드 애슬레틱스의 기적 같은 실화를 바탕으로 만든 영화이다. 가난한 구단, 빈약한 선수, 그야말로 오합지졸인 이 팀에게 팬들도, 구단도, 심지어는 선수 자신들 조차도 승리를 포기한 지 오래다.

하지만 1998년 빌리 빈(브래드 피트)이라는 젊은 단장이 오면서 오클랜드 애슬레틱스에는 새로운 변화가 일어난다. 누구도 상상하지 못했던 변화가 만년 꼴찌 팀 오클랜드 애슬레틱스를 전혀 다른 팀으로 만들게 되는데, 이는 새로 온 젊은 단장이 도입한 파격적인 실험 때문이었다.

빌리 빈은 구단에 부임하자마자 철저한 데이터를 바탕으로 부상이나 나이, 사생활 문제 때문에 평가 절하됐던 선수들을 속속 합류시킨다. 처음에는 아무도 그의 훈련 방식에 관심을 갖지 않았을 뿐 아니라, 단장이 선수 기용에 사사건건 개입하여 감독이 거세게 반발을 하기도 하였다. 그런데 이 만년 꼴찌 팀이 경기에서 한두 번 이기고, 점차 승리 횟수가 많아져 마침내 메이저리그의 역사를 새로 쓰게 된다. 마침내 오클랜드 애슬레틱스는 4년 연속 포스트시즌 진출이라는 전무후무한 기록을 세웠고, 미 메이저리그 역사상 처음으로 20연승이라는 새로운 신화를 쓰게 된 것이다.

2014년 K리그 챌린지(2부 리그). 그렇게 목말라하던 우승 확정 소식은 엉뚱하게도 우리의 경기가 없는 날 들려왔다. 11월 5일 열린 안산과 안양과의 경기가 1:1 무승부로 종료되면서 2위 안산과의 승점 차가 8점이 되었다. 남은 경기에 관계없이 대전의 챌린지가 1위, K리그 클래식 승격이 확정된 것이다.

안산 경기의 동점 소식과 대전 챌린지의 우승 소식을 전달받은 나는 잠시 혼자 밖으로 나왔다. 더없이 선선한 늦가을 바람을 맞으며 하늘을 바라봤다. 사장으로 부임해서 지내온 1년의 시간이 주마등처럼 머릿속을 스쳐 지나갔다. 그동안 치른 서른네 경기 한 장면 한 장면이 마치 영화 필름처럼 눈앞에 펼쳐졌다. 단 하나도 빼놓지 않고 경기장에서 직접 관전했던 경기들이다. 비록 선수들처럼 그라운드에서 직접 뛰지는 않았지만 심장

박동 수는 늘 그들과 같았다. 어떤 때는 더 빨리 뛰기도 했다.

코칭스태프와 선수들이 고마웠다. 다른 부자 구단에 비하면 턱없이 부족한 대우를 받고 뛰었다는 걸 누구보다 잘 안다. 그래도 나를 믿고 우승이라는 하나의 목표를 향해 구슬땀을 흘렸던 그들이 이 순간의 주인공, 선수들을 한 명 한 명 안아주고 싶었다. 선수 못지않게 땀 흘린 프런트 직원들, 그라운드에서 직접 뛰지는 않았지만 만약 직원들의 지지와 노력이 없었다면 이 순간을 맛보지 못 했을 것이다.

당연히 팬들도 빼놓을 수 없다. 2부 리그로 강등됐을 때 수많은 사람들이 대전시티즌을 손가락질했지만 이들은 함께 슬퍼했다. '창피하니 시민구단이라는 이름을 떼라' 는 욕을 들을 때 이들은 묵묵히 대전시티즌이라는 시민구단의 이름을 꺼내 들고 경기가 열릴 때마다 경기장에서 목이 터져라 대전을 외쳤다. 아무리 숫자가 많아도 이들 역시 힘껏 안아주고 싶은 사람들이다.

대전시티즌은 시즌 내내 부동의 1위를 지켰지만 우승 트로피는 손에 잡힐 듯 잡히지 않았다. 마음이 조급했다. 시즌 막판으로 접어들면서 우승이 거의 '확실시' 됐지만 하루라도 빨리 우승을 확정 짓고 싶었다.

11월 1일 34라운드를 D-데이로 잡았다. 그날 경기는 대전월드컵경기장에서 치러졌다. 우리는 경기를 이겼지만 다른 경기가 문제였다. 2위 안산 경찰청이 경기 막판 극적인 역전승을 거둔 것이다. 안산은 0-2로 끌려가다 후반에만 세 골을 몰아넣으며 이날 우승을 확정하려던 대전팀에 재를 뿌렸다. 시즌 내내 목이 터져라 응원했던 팬들과 자력으로 우승하는 기쁨을 나누고 싶었지만 결국 그 꿈을 이루지 못했다.

그리고 11월 8일, 우승이 확정된 가운데 홈구장 대전한밭운동장에서 수원 FC와 35라운드 경기를 치렀다. 이 경기를 지켜보면서 시즌 개막전을 떠올렸다. 수원은 2부 리그로 강등돼 첫 경기를 치르는 대전을 봐주지 않았다. 1:4의 패배로 혹독한 신고식을 치렀다. 그리고 시상식을 겸해 열린 35라운드 경기에서 대전은 수원을 5:2로 대파했다. 시즌 개막전의 치욕을 통쾌하게 되갚아준 것이다.

2014년 대전시티즌은 강등의 설움을 씻고 당당히 우승을 차지하고 1부 리그 승격이라는 목표도 달성했다.

K리그 챌린지 우승컵을 들어 올린 순간, 지난 모든 경기가 스쳐 지나갔다. 내 인생의 가장 뜨거웠던 순간이다.

우승이 확정된 날은 그렇지 않았는데 이날은 자꾸 눈물이 났다. 그라운드에서 뛰는 선수를 보면 눈물이 났고, 그게 창피해 고개를 돌리면 여전히 목이 터져라 응원하고 있는 팬들이 눈에 들어와 또 눈물이 났다. 시상식을 어떻게 치렀는지 기억이 제대로 나지 않는다. 내 인생에서 다시는 맛보기 어려운 감격적이고 가슴 뜨거운 순간이었다.

영화 〈머니볼〉에서 주인공 빌리 빈은 조명이 꺼지고 관중도, 선수도 없는 텅 빈 야구장에서 라디오를 듣는다. 오클랜드와 뉴욕 양키즈가 맞붙은 2001년 디비전 시리즈. 연간 1억 달러 이상의 돈을 쏟아 붓는 부자 구단과 예산이 4000만 달러도 안 되는 오클랜드와의 경기였다. 나는 이 젊은 구단주가 그때 라디오로 경기를 들으며 무슨 생각을 했는지 알 수 있다. 어떤 기분이었는지도 느낄 수 있다. 이 영화에서 가장 좋아하는 장면이다. 그리고 빌리 빈이 입버릇처럼 했던 얘기가 생각이 난다. "팬들은 마지막 경기만 기억한다." 시즌 내내 아무리 훌륭한 경기를 치렀어도 결과가 좋지 않다면 아무 의미가 없다는, 만년 꼴찌팀 구단주의 자조 섞인 한탄이었으리라.

팬들은 마지막 경기만 기억할 것이다. 나는 36라운드 전 경기와 매 경기의 전반전, 하프타임, 그리고 후반전을 모두 기억한다. 2014년, 시티즌 선수들과 프런트, 대전시민과 축구팬들은 내 평생 두 번 다시 오지 않을 뜨거운 추억을 선물했다.

나는 모든 경기를 기억할 것이다.

우승일지 1R(3월 22일)

신고식

신고식은 혹독했다. 3월 22일 수원에서 열린 2014 프로축구 K리그 챌린지(2부 리그) 첫 경기. 결과는 1-4, 대전의 완패였다. 수원FC는 처음 강등된 팀이라고 봐주지 않았다. 신임 사장 취임 후 첫 경기였지만 그게 상대팀에게 무슨 상관이랴. 그래도 전반전에는 희망을 봤다. 아드리아노의 동점골이 터지자 경기가 대등해졌다. 서명원도 몸이 가벼웠다. 무엇보다 수비만 하다 진 게 아니라 공격적으로 나가다가 많은 점수를 내줬다. 완패했지만 완전히 무너지지는 않았다. 무엇보다 끝까지 포기하지 않는 선수들의 모습을 현장에서 직접 목격했다. 살면서 주저앉을 때가 생긴다. 사람들은 경기에서 패배하는 것을 싫어하지만, 마치 처음부터 끝까지 패배한 팀처럼 경기하는 것을 더 싫어한다. 삶도, 일도 마찬가지인 것 같다. 졌지만 선수들에게 격려금을 전달하고 "오늘 경기는 마지막 연습경기였다고 생각하자."라고 강조했다. 늦은 밤 수원에서 내려오는 길, 몸은 무거웠지만 이상하게 마음이 가벼웠다.

"낙하산" 또 다른 내 이름

그렇다. 나는 '낙하산' 이었다. 공개채용 과정 없이 구단주가 일방적으로 선정한 것을 모두 낙하산이라고 한다면 굳이 변명하고 싶지 않다. 하지만 자리에 구분 없이 통틀어 그렇게 부른다면 다소 억울하다. 위에서 내려 보내는 낙하산의 착지점은 누구나 가고 싶어 하는 자리가 대부분이다. 편하거나 보수가 좋거나, 아니면 권한이 막강하거나 최소한 부담이 없거나.

나의 착지점은 그렇지 않았다. 2군으로 강등돼 시민과 서포터스의 욕을 들을 때였음은 물론, 대전시가 지원하는 예산도 반토막 이상 잘렸다. 이러한 자리로 가는 발걸음은 결코 즐겁지만은 않았다. 오히려 천근만근이었다. 그리고 무겁고 두려운 책임감이 엄습했다.

대전시티즌 사장으로 임명되자 취임 전부터 언론사의 인터뷰 요청이 많았다. 하고 싶은 얘기, 답변하기 쉬운 얘기만 물어보면 좋으련만 기자들이 어디 그런가. 다른 질문을 하다가도 꼭 이 얘기로 돌아갔다. 예외는 없었다. 안면이 있거나 심지어 친한 기자들도 꼭 이렇게 물었다. "낙하산 인사 아니냐는 곱지 않은 시선이 많은데, 이에 대해 한 마디 해주세요."

스포츠는 성적으로 말한다. 프로스포츠는 더욱 그렇다.

나는 '낙하산' 대전시티즌 사장이었다. 하지만 웃으며 떠날 수 있었다.

어떤 팀이든 어느 누구든 사정이야 있겠지만 그날 한 게임의 승패, 한 시즌의 성적으로 말한다. 대전시티즌은 2013년 2부 리그로 강등됐다. 이런저런 이유도 있고, 대전시티즌 역시 할 말도 많겠지만 프로스포츠 구단으로서는 입이 열 개라도 할 말이 없다.

"행복한 가정은 모두 비슷하지만 불행한 가정은 저마다 다른 불행한 이유들을 갖고 있다." 톨스토이 〈안나 카레니나〉의 그 유명한 첫 문장처럼 '불행한 팀'은 그만한 이유가 있게 마련이다. 이런 팀의 사장을 맡아달라는 제의를 받았다. 솔직히 부담스러웠다. 더 솔직히 말하면 대전시티즌 사장 말고 다른 편한 자리였으면 얼마나 좋았을까, 이런 생각도 들었다.

많은 고민 끝에 대전시티즌 사장을 맡기로 결심했다. 그렇게 임명되고 나니 이번에는 '낙하산 인사'라는 비난이 쇄도했다. 당장은 억울했다. 나름대로는 어려운 결정을 내린 '용단'이었다고 스스로 생각하고 있었는데, 마치 절대 오지 말아야 할 사람이 오는 것처럼 몰아가는 분위기가 서운했다.

당장은 억울했지만 낙하산이라고 비난하는 목소리를 잠재울 자신이 있었다. 다시 말하지만 프로스포츠 구단은 성적으로 말한다. 나쁜 방법을 쓰지 않고, 정말 열심히 노력해서 팬들이 만족하는 성적을 내면 내 맡은 소임은 다하는 것이라는 생각 뿐이었다.

물론 나 혼자 열심히 한다고 되는 것은 아니다. 보통 낙하산으로 낙인찍힌 인사들은 열심히 일한다. 자기의 전문성과 실력을 입증하기 위해서다. 너무(혼자서, 혼자의 생각대로) 열심히 해서 결국 더 욕을 먹기도 한다는 얘기를 선배들로부터 많이 들었다. 열심히 하되, 구성원들과 함께, 조직을 살리는 방향으로 할 것. 1년 동안 한 시도 이 결심을 잊지 않으려고 노력했다.

임기 동안 또 하나 잊지 말아야 한다고 결심한 것은 '나이' 였다. 대전시티즌 사장으로 취임하던 2013년, 그때 내 나이 39세였다. 아마 낙하산 논란이 없었다면 나이로 시비 거는 사람도 많았을 것이다. 30대의 최연소 프로 축구단 사장. 나이가 젊다는 것은 강점이기도 하지만 약점으로 작용할 때가 많다.

약점을 없앨 수는 없다. 다만 강점으로 그것을 덮을 수는 있을 것이다. 30대 젊은 사장답게 항상 '파이팅' 하는 모습이 무엇보다 중요하다고 생각했다. 시민과 팬들, 선수들, 그리고 구단을 운영하는 프런트는 30대 젊은 사장에게 무엇을 기대했을까? 경험과 노련함? 아니었을 것 같다. 가장 기대하는 것은 함께 호흡하고 이해하고 함께 뛰는 모습이었을 것이다. 그건 결코 어려운 일이 아니다. 안 그래도 가난한 구단에서 돈이 필요한 일도 아니고, 준비가 필요한 일도 아니다. 그냥 그렇게 하면 된다. 그리고 그렇게 했다. 적어도 '젊은 사장이 와서', '나이도 젊은 사장이', '젊은 사장이 아무것도 모르면서' 라는 말은 듣지 않기 위해 부단히 노력했다고 자부한다.

대전시티즌 사장이 그렇게 대단한 자리인가? 지금도 솔직히 잘 모르겠다. 이전에는 그랬을 수도 있다. 하지만 2013년 말 대전시티즌 안팎의 사정은 그렇지 않았다는 것은 분명하다. 어찌됐든 사장이 됐다. 억울해하면서 그냥 앉아있을 수만은 없었다. 그리고 결심했다. 피하지 말자.

이렇게 마음을 먹고 나니 마음이 편해졌다. 사람들 대하는 것도 훨씬 부드러워졌다. 처음에는 불편하기만 하던 언론 인터뷰도 고맙게 느껴졌다. 오히려 질문하는 기자들이 조심스러울 때가 많았다. 낙하산 아니냐는 질문이 들어오면 당당히 말했다. "그렇게 생각할 수 있다." 여기에 꼭 한마디를 덧붙였다. "그렇기 때문에 더욱 노력할 것입니다. 능력으로, 결과로 그런 우려를 불식시키겠습니다. 한 번 지켜봐 주세요."

나는 제대로 착지법도 배우지 못하고, 등에 낙하산을 매고 1000m의 고도에서 뛰어내렸다. 공기가 부족해 숨을 제대로 쉬지 못할 때가 있었다. 바람을 이겨내지 못해 엉뚱한 곳으로 날아가기도 했다. 짧은 시간이었지만 외롭다는 느낌도 받았다.

하지만 적어도 나의 역할과 임무는 알고 있었다. 뛰어내리기 전까지는 내가 선택한 것이 아니라고 변명할 수 있었지만 뛰어내린 후에는 오로지 내 힘으로 바람의 방향을 익히고 착지할 곳을 찾고 목표를 향해 비행해야 했다. 결국 제대로 땅에 발을 디

됐고 내 역할과 임무를 수행했다. 나도 살았고, 나를 기다리던 사람들도 살았다.

꽃길이 아니라 가시밭길이 기다리는 낙하였지만 나는 그렇게 이겨냈다.

누구보다 최선을 다했다. 결국 선수와 팬, 코칭스태프와 구단 프런트의 힘을 하나로 모았고 목표를 달성했다.

우승일지 2R(3월 30일)

첫 승

2014년 3월 30일, 대전월드컵경기장에서 치러진 2라운드 경기는 1라운드보다 더 중 요한 경기였다. 홈 개막전인데다 첫 경기 패배의 충격에서 벗어나야 했다. 첫 경기는 1-4 완패였다. 신고식은 혹독했지만 그래도 주저앉지는 않았다. 선수들은 기대를 저버리지 않았다. 팽팽하던 전반전을 마치고 대전은 후반 시작 8분 만에 무려 3골을 몰아넣었다. 장원석이 행운의 선제골로 분위기를 반전시키고 서명원은 구단 최연소 골을 기록하며 쐐기골을 터뜨렸다. 복귀전을 치른 김은중은 경기의 흐름을 소율했다. 고양을 상대로 4-1, 완벽한 승리. 시즌이 시작되기 전 나도 선수단도 자신감이 있었다. 어려운 상황이었지만 무엇보다 충실하게 시즌을 준비했다. 분위기도 좋았다. 첫 경기 패배 후 많은 질타와 우려 섞인 분석이 쏟아졌다. 그래도 선수들을 믿었다. 근거 없는 신뢰는 더 위험하지만 충분히 준비하고 믿고 기다리면 반드시 이루어진다는 사실을 깨달은 경기였다. 대전의 2014년 신화가 시작된 것이다.

안 가본 길도 가야 한다

집으로 가는 길은 매일 반복된다. 항상 다니는 길이라 눈 감고도 갈 수 있다. 그러나 처음부터 이 길이 익숙했던 것은 아니다. 가족들과 손잡고 이사 온 첫날은 집도, 길도 낯설기만 했다. 그렇게 어색했넌 길이 이제는 중간에 어떤 식당이 있고, 어떤 건물이 있는지 그림도 그릴 수 있다.

이런 길을 가끔 택시를 타고 가는 일이 있다. 목적지를 얘기하면 어느 쪽을 경유해서 가면 좋겠느냐는 택시기사님의 질문이 돌아온다. "편하게 가주시면 된다"고 말씀드린 후 왜 경로를 묻는지 여쭤보면 손님들은 각자 본인들이 좋아하는 경로가 있어서 그렇단다. 그 길로 가지 않으면 화를 내는 손님도 있다고 한다.

결국 익숙한 길을 최적의 경로라고 여기는 것이다. 가본 길과 가보지 못한 길. 가본 길은 편할 테고 가보지 못한 길은 불안할 것이다. 반면 가본 길은 지루하고 가보지 못한 길은 불안하지만 흥미로울 수도 있을 것이다.

대전시티즌을 책임지는 자리는 분명 내가 가보지 못한 길이었다. 심지어 그 길을 언젠가 가보게 될 것이라는 생각도 해본 적이 없다. 사장직을 제안 받고 결정하기까지 결코 가볍지 않은 고민을 해야 했다. 단언컨대 그 당시 그 제안을 쉽게, 마음 편히 받아들일 수 없었다.

다시 말하지만 당시 대전시티즌 상황은 그렇게 녹록하지 않았다. 2부 리그 강등이 결정됐고 팬들과 시민의 시선이 싸늘하게 식어 있던 상황이다. 대전시티즌을 향한 여론도 좋지 않고, 무엇보다 살림살이도 넉넉하지 않았다. 또 하나 대전시티즌 사장이라는 자리는 내가 한 번도 생각해 본 적 없는 새로운 길이었다. '최연소 대전시생활체육회 사무처장' 이라는 직함을 달고 있었지만 프로구단 사장과는 경우가 다르다.

정년을 보장받은 직장인이라면 거취를 놓고 이런저런 생각을 하지 않을 수 없다. 더욱이 국민에게 봉사하는 일을 하겠다며 정치를 꿈꾸고 있는 사람에게 닥치는 변수에 대한 고민은 수없이 많다. 내가 가고 싶고, 걷고 싶은 길만 있는 것도 아니다. 심한 경우 내가 선택하지는 않았지만 낭떠러지를 향해 거침없이

가야 할 때도 있을 것이다.

주변 사람들의 의견도 분분했다. 10명 중 8~9명은 "가지 말라"였다. 이유는 분명했다. 누가 가도 대전시티즌은 정상화되기 어렵고, 다음 시즌에도 좋은 성적을 낼 수 없으며, 결국 욕만 듣게 될 것이라는 거였다. 독배가 분명한데 그것을 마실 이유가 없다는 것이었다. 그 자리를 맡지 말아야 할 이유는 많았고, 그 제안을 수용해야 할 이유는 적었다.

그런데 나머지 1~2명은 "가라"고 말했다. 개인만 생각해서는 안 된다는 것이 첫 번째 이유였고, 제안한 분에 대한 도리가 아니라는 것이 두 번째 이유였다. 당시 대전시티즌 안팎의 상황이 어렵다는 사실을 뻔히 알면서도 그 일을 맡길 때는 그만한 이유가 있을 텐데 거절하는 것은 너무 '작은 생각'이라는 것이었다.

마음이 "가라"는 쪽으로 움직이기 시작했다. 무엇보다 개인적으로도 새로운 목표의식과 새로운 도전이 필요한 시기였다. 대전시생활체육회 사무처장을 맡으면서 사실 목표로 했던 일들은 거의 모두 달성한 상황이었다. 전국생활체육대축전을 처음으로 대전에 유치하고, 전국어르신생활체육대회, 세계한민족축전도 무사히 치렀다.

다시 한 번 처음부터 나의 모든 것을 바쳐 도전해 볼 일이 필요했다. 잘 할 수 있을 것이라는 근거 없는 자신감도 있었다. 생활체육회 사무처장도 쉬운 자리는 아니었다. 여기서 했던 것처

때로는 안 가본 길도 가야 한다. 누군가 없던 등산로를 만든 것처럼.

럼 목표를 정하고 원칙을 지키면서 사심을 버린다면 못 해낼 일이 없다고 생각했다.

때로는 안 가본 길도 가야 한다. 매번 가본 길만 간다고 틀린 것도 아니고, 안 가본 길로만 다닌다고 옳은 것도 아니다. 그것은 선택의 문제일 뿐이다. 하지만 그 작은 선택이 얼마나 많은 것을 변화시키는지 그동안의 적은 경험으로도 잘 알고 있다.

후회하더라도, 설사 실패하더라도 한 번 가보자고 마음먹었다. 꽃길이 아니라 가시밭길이 될 것이라는 사실은 누구보다 잘 알고 있었다. 어찌 내 앞에 꽃길만 놓여있겠는가. 어떻게 매번 가본 길만 가겠는가. 그렇게 나는 대전시티즌 사장 자리를 맡기로 결정했다.

나는 '1만 시간의 법칙' 을 믿는다. 어떤 한 가지 일에 1만 시간을 투자한다면 그 분야에서 최고가 될 수 있다고 생각한다. 그리고 '72시간의 법칙' 도 믿는다. 어떤 생각이나 계획을 떠올리고 72시간 내에 실행에 옮기지 않을 경우 그것이 성공할 확률은 제로(0)에 가깝다는 것이 72시간의 법칙이다.

에디슨이 그렇게 많은 물건을 발명한 것은 아이디어만 탁월한 사람이 아니라 무엇보다 '행동' 하는 사람이었기 때문이라고 한다. 동의한다. 그래서 고민을 철저하게 하되 일단 생각과 계획을 세우면 곧바로 실행에 옮기려고 노력한다. 안 가본 길이지만 나는 그렇게 대전시티즌 사장을 맡았고, 내가 고민했던 생각과 계획을 곧바로 실행에 옮겼다.

고백할 일이 하나 있다. 많은 사람들이 가지 말라고 말릴 때 주저하지 말고 가라고 했던 분 중에 김영재라는 선배가 있다. 술자리에서 이 선배는 이렇게 말했다. "일단 가. 대신 그냥 가면 안 돼. 너부터 책임지겠다는 각오를 해야 돼. 여기서 약속해. 시즌 초라도 성적이 안 좋으면 물러나고, 물러나기 전에 삭발하겠다고."

나도 괜히 마음이 비장해져 "그러겠다"고 그 자리에서 덜컥 약속을 하고야 말았다. 성적이 안 좋으면 삭발을 하고, 그래도 안 좋으면 물러나겠다고 약속을 했으니 이것을 피하는 방법은 좋은 성적을 내는 수밖에 없었다. 다행히 대전시티즌은 첫 경기 패배 후 시즌 내내 성적이 좋았다. 물론 내가 삭발할 일도 없었다. 삭발을 안 해도 되는 상황을 만들어준 코칭스태프와 선수들에게 다시 한 번 고맙다는 인사를 전한다.

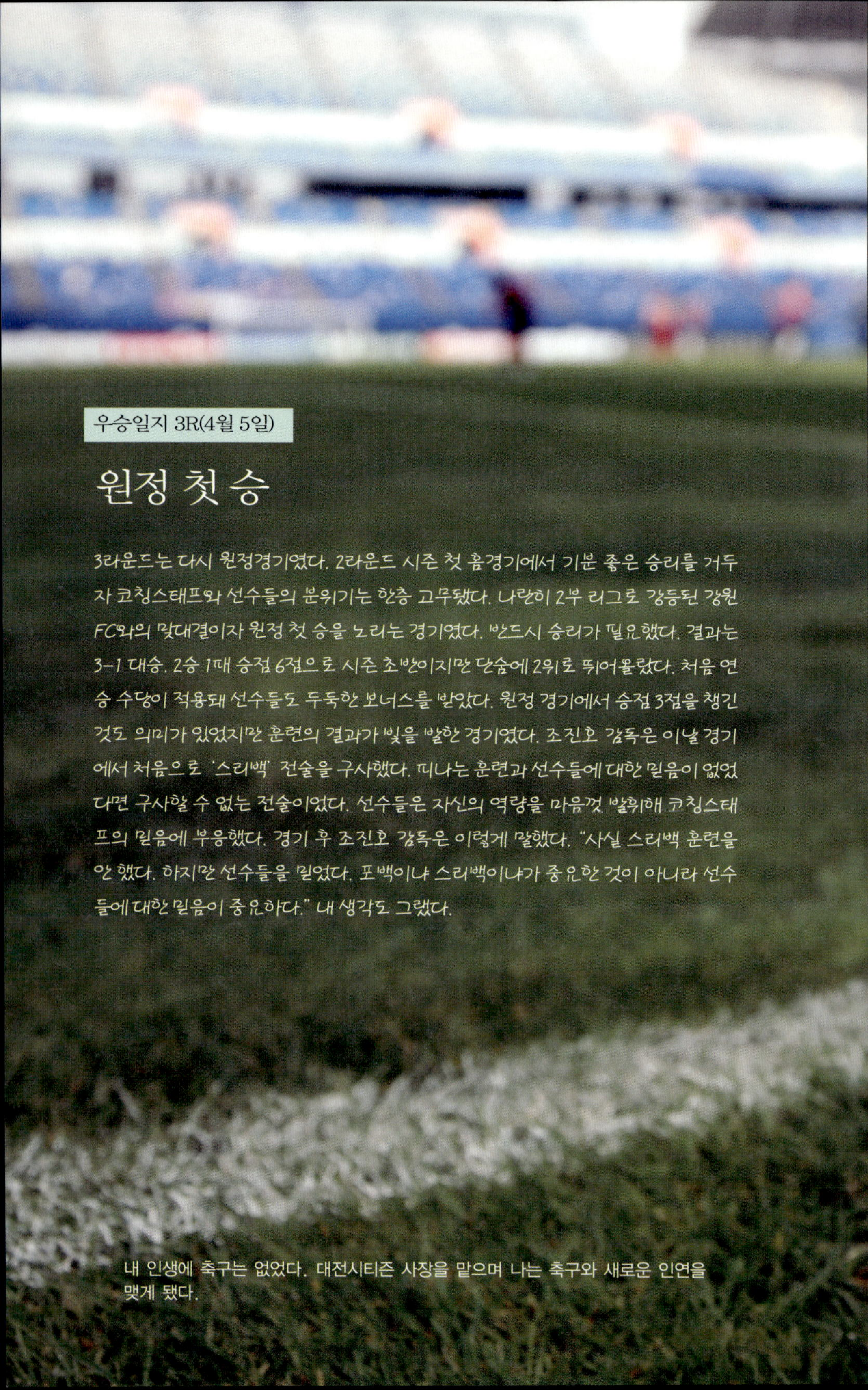

우승일지 3R(4월 5일)

원정 첫 승

3라운드는 다시 원정경기였다. 2라운드 시즌 첫 홈경기에서 기분 좋은 승리를 거두자 코칭스태프와 선수들의 분위기는 한층 고무됐다. 나란히 2부 리그로 강등된 강원FC와의 맞대결이자 원정 첫 승을 노리는 경기였다. 반드시 승리가 필요했다. 결과는 3-1 대승. 2승 1패 승점 6점으로 시즌 초반이지만 단숨에 2위로 뛰어올랐다. 처음 연승 수당이 적용돼 선수들도 두둑한 보너스를 받았다. 원정 경기에서 승점 3점을 챙긴 것도 의미가 있었지만 훈련의 결과가 빛을 발한 경기였다. 조진호 감독은 이날 경기에서 처음으로 '스리백' 전술을 구사했다. 피나는 훈련과 선수들에 대한 믿음이 없었다면 구사할 수 없는 전술이었다. 선수들은 자신의 역량을 마음껏 발휘해 코칭스태프의 믿음에 부응했다. 경기 후 조진호 감독은 이렇게 말했다. "사실 스리백 훈련을 안 했다. 하지만 선수들을 믿었다. 포백이냐 스리백이냐가 중요한 것이 아니라 선수들에 대한 믿음이 중요하다." 내 생각도 그랬다.

내 인생에 축구는 없었다. 대전시티즌 사장을 맡으며 나는 축구와 새로운 인연을 맺게 됐다.

대전시티즌 프로축구단

잊지 못할 '첫 출근'의 기억

흐릿한 추억이지만 초등학교에 입학해 아버지 손을 잡고 깡충거리며 처음 등교하던 날이 생각난다. 그때 생각을 하면 지금도 가슴이 설렌다. 새 책과 새 공책, 새 가방에 새 신발, 새 옷. 모두가 새것이었다. 어떻게 신나지 않을 수 있었겠나.

키 큰 형들만 다니는 중학교에 가던 첫날은 동네 꼬맹이들이 더 조그마해 보이고 어깨가 으쓱해졌다. 서울 코스닥 상장기업 상무이사로 가는 첫 출근길 차 안에서는 전문 경영인의 꿈에 부풀어 올랐다. 내 머릿속에는 이미 회사 몇 개가 세워지고 있었다.

나에게 '처음'은 늘 기대와 흥분을 동반하는 일이었다. 꿈과 희망을 곧추세우는 계기였다. 처음 보문산을 접했을 때도 숨이 턱밑까지 차오를 때쯤 도착하는 전망대에서 내려다본 대전의 전경을 잊을 수 없다. 그때 그 전경은 조감도가 되어 내 마음속에 그대로 남아 있다.

대전시티즌으로 처음 출근하던 날.

하늘은 맑았다. 아침 공기도 좋았다. 전날 지인들과 함께 나눈 술자리의 후유증이 조금은 남아있었지만 그래도 첫 출근한다고 지인들이 술을 많이 참아준 덕분(?)에 거뜬히 일어났다. 사실은 지인들의 축하 전화와 문자메시지가 새벽부터 울리기 시작하여 일어나지 않을 수가 없었다. '나를 생각하고 염려해주는 분들이 이렇게 많구나' 하는 생각에 감사하기도 하고 한편으로는 '정말 잘해야겠다' 는 각오를 다지는 아침이었다.

첫 출근이라 가슴이 설렐 만도 한데 그날은 설렘보다 무거움이 가슴 한 쪽을 누르고 있었다. 열심히 할 자신은 있었지만 생각대로 잘할 수 있을지 걱정이 앞섰다. 한 지인은 이렇게 충고하기도 했다.

"너무 잘하려고 하지 마. 본인만 열심히 한다고 해서 잘 되는 것도 아니고. 임기 마치기 전까지 목표한 것 중에 하나만 제대로 달성해도 성공했다고 생각해야 해. 너무 잘하려고 욕심부리면, 결국 그 욕심이 다른 욕심을 부르고, 그 욕심 때문에 그나마 그 한 가지도 실패로 끝나."

어떤 의미인지 알 것 같았다. 출근은 처음이었지만 사실 대전시티즌 사장으로서의 업무는 출근 전부터 시작됐다. 사람들을

가고 싶지 않았던 길을 선택했더니 '낙하산' 이라는 비난이 쏟아졌다.
대전시티즌으로 향하는 나의 발걸음은 무거웠다.

만나서 지금 대전시티즌이 처한 상황을 극복할 수 있는 해결 방법을 물었다. 구체적인 조언을 해주는 사람도 있고, 추상적인 조언을 해주는 사람도 있었다.

대놓고 '네가 해봐야 뭘 얼마나 하겠느냐' 는 반감을 표시하는 사람도 있었다. 그래도 얘기를 들으려고 애썼다. 지금은 들어야 할 때이고, 나쁜 말이든 좋은 말이든 뭐라도 얘기해주는 사람이 그래도 '내 편' 이라는 생각이 들었다. 그만큼 절박했다. 또 한 편으로는 (아무리 욕심을 비우라고 하지만) 잘 하고 싶은 욕심도 생겼다.

짧지만 만감이 교차하는 출근길이었다. 택시를 탔다. 집에서 대전월드컵경기장이 있는 대전시티즌 사무실까지는 20여 분 정도 걸린다. 택시에서는 라디오 소리가 흘러나왔다. 하필이면 그 순간, 모 지방 라디오 방송에서 대전시티즌 특집 대담을 하고 있었던 것이다. 대담은 신임 대전시티즌 사장 임명을 비판하는 내용 일색이었다. '마흔 살도 안 된 젊은 사장', '축구와는 무관한 선거캠프 출신', 차라리 듣지 말았어야 했다.

택시 안에는 운전을 하는 택시기사와 나 뿐이었다. 하지만 그 자리가 수많은 사람들 앞에 끌려 나온 공개재판 자리처럼 느껴졌다. 마치 그 자리에 있는 사람들이 나에게 일제히 비난을 쏟아붓는 것 같았다. 내가 할 수 있는 것은 아무것도 없었다. 라디오에서는 나를 비난하는 얘기가 계속 나오고, 택시기사는 눈치를 챘는지 거울로 나를 계속 힐끔힐끔 쳐다봤다. 눈을 감았다. 집에서 대전시티즌 사무실로 가는 20분이 20년처럼 느껴졌다.

지금도 그 순간을 생각하면 얼굴이 화끈거리고 가슴이 뛴다. '내가 그렇게 잘못한 건가?' 억울했다. 라디오 사회자와 패널의 대화에 내가 끼어들 수도 없는 노릇이고, 뭐라고 변명도 할 수 없었다. 그 일방적인 얘기는 전파를 타고 나처럼 출근길에 라디오를 듣는 수많은 시민들의 귀에 꽂혔으리라.

하지만 한편으로는 첫 출근, 택시 안에서 들었던 그 라디오 방송이 나의 각오를 더욱 다지게 했다. 결심했다. 라디오 진행자와 패널이 나눈 대화 한 마디 한 마디가 전부 선입견이자 오판이며 잘못된 견해라는 사실을 입증해 보여주겠노라고. 그리고 치기 어린 각오도 다졌다.

반드시 똑같은 프로에 출연해 똑같은 사회자와 대화를 나누는 시간을 갖겠노라고. 그때 대화 내용은 지금 저 사람들이 나눈 대화와는 정반대가 될 것이라고.

물론 그 각오는 실행되지 못했다. 그 방송이 나의 이런 사정을 알 리 없고, 좋은 성적을 내도 불러줄 리 없었다. 다만 그때 방송에서 나눈 사람들의 대화가 얼마나 기우(杞憂)였는지를 입증하는 데는 그리 오랜 시간이 걸리지 않았다.

솔직히 그 라디오 방송을 들을 때는 많이 억울하고 화도 나고 더없이 서운했다. 하지만 지금 생각해보면 그 방송조차 고마울 뿐이다. 첫 출근하는 날 그 라디오 방송을 듣지 못했다면 나는 어쩌면 조금 더 '오만' 했을지도 모를 일이다. 더 겸손하게, 더 열심히 일하라는 일종의 '경고 방송' 이었던 셈이다. 사장으로 임명되는 과정부터 첫 출근하는 날까지, 모든 게 드라마 같았다.

누구에게나 잊지 못할 순간이 있다. 기쁜 일이든 슬픈 일이든 시간이 흘러도 마치 흑백사진처럼 마음에 남아 지워지지 않는 그런 순간 말이다. 첫사랑, 첫 키스, 첫 출근, 그리고 처음 학교에 입학하던 날, 처음 나의 아이를 안아보던 순간, 처음 비행기를 타고 낯선 땅에 발을 디뎠던 때. 그러고 보니 잊지 못할 순간의 대부분은 '처음' 이다. 마찬가지로 대전시티즌 사장으로 처음 출근하던 날을 잊지 못할 것이다.

어찌 됐든 나의 첫 출근은 그렇게 시작됐다.

우승일지 4R(4월 13일)

화력쇼

매 경기가 모두 드라마였고 잊을 수 없는 경기였다. 하지만 홈경기로 치러진 4라운드는 각별한 의미가 있다. 이전까지는 승리를 거둬도 반신반의했다. 나 역시 마찬가지였다. 이 경기에서 대전은 광주FC를 4대 0으로 대파했다. 개막전 첫 경기를 패한 뒤 내리 3연승을 거둔 것이다. 이날 경기에서는 은사이신 이창섭 국민체육공단 이사장이 시축을 해 더욱 뜻깊은 승리였다. 이때 처음으로 그런 생각이 들었다. '뭔가 사고를 칠 수도 있겠구나.' 경기의 히어로는 김찬희였다. 그는 이 경기에서 프로 데뷔 후 첫 골을 선보였다. 그것도 두 골이나 터뜨렸다. 아드리아노와 투톱 공격수로 출전한 김찬희는 이날 경기로 그동안의 부진과 설움을 한 방에 모두 날려버렸다. 그러면서도 모든 공을 팀의 레전드인 김은중에게 돌리는 겸손함도 잊지 않았다. 뭔가 만들어지고 있다는 생각이 들었다. 앞선 두 경기에서의 승리도 그저 운이 좋았던 게 아니라는 사실을 홈 팬들 앞에서 입증했다.

대전시티즌 사장으로 첫 출근하던 날을 잊을 수 없다. 축구골대 그물망이 나의 온 몸을 묶고 있다는 느낌도 들었다.

첫 시련, 감독 선임

경기의 99%는 선수들이 만드는 것이고, 1%는 감독이 만드는 것이다. 하지만 감독 없이는 100%를 만들 수 없다." 맨체스터 유나이티드의 살아있는 전설, 알렉스 퍼거슨 전 감독의 말이다. 감독으로서 겸손과 자부심이 동시에 배어 있는 명언이다.

"난 주변에 널린 시시한 감독이 아니다. 나에게 오만하다고 말하지 말라. 나는 유럽 챔피언이고 스페셜 원(Special One)이다." 첼시를 지휘하고 있는 조세 무리뉴 감독의 말이다. 인터 밀란과 레알 마드리드에 이어 첼시까지 세계 최고의 명문팀을 두루 거친 명장으로서의 자부심이 단적으로 드러난다. 무리뉴 감독은 "전술 자체가 중요시되는 시대는 끝났다. 전술을 실현하기 위한 트레이닝에서 감독의 차이가 드러난다"며 감독의 중요성을 누구보다 강조하기도 했다.

2002 한·일 월드컵 당시 대한민국을 4강에 올려놓은 거스 히딩크 감독도 "나는 아직도 배가 고프다", "나는 골을 넣지 못한 선수를 나무라지 않는다. 다만 노골이 두려워 슛을 날리지 못하는 선수를 책망한다"는 등의 숱한 명언을 남겼다. 현재 대한민국 축구 대표 팀을 이끌고 있는 울리 슈틸리케 감독 역시 "꿈은 누구나 자유롭게 꿀 수 있지만 꿈이 결승까지 데려다주지는 않는다"고 했다.

단체경기 종목에서 감독의 중요성은 더 강조할 필요가 없다. 그것은 마치 전장에 나간 병사들을 어떤 사령관이 지휘하느냐

신임 사장의 첫 시험대는 감독 선임이었다. 우여곡절 끝에 조진호 코치를 감독대행으로 선임했다.

에 따라 전투에서의 승패는 물론 병사들의 생사와 운명이 엇갈리는 것과 같다. 퍼거슨 감독의 말을 인용하자면 '전투는 병사들이 만드는 것이지만 (훌륭한) 사령관 없이는 승리할 수 없다.' 나 역시 비록 정식 스포츠 선수로 뛰어본 경험은 없지만 감독, 혹은 리더의 중요성은 누구보다 잘 알고 있다.

대전시티즌 사장을 맡으면서 처음 닥친 시련은 감독 선임이었다. 대전시티즌은 맨체스터 유나이티드나 첼시, 바르셀로나처럼 돈 많고 인기 많은 명문 클럽팀이 아니다. 전 국민의 성원을 받고 있는 국가대표팀도 아니다. 돈만 많다면 좋은 감독, 좋은 선수는 얼마든지 데려올 수 있다.

하지만 대전시티즌은 명장이라고 해서 아무나 데려올 수 있는 상황이 아니었다. 사실 그 당시에는 대전시티즌이기 때문에 더 '뛰어난' 감독이 필요했다.

여기서 뛰어난 감독은 스타플레이어 출신이나 경험과 경륜이 많고 화려한 성적을 거둔 감독이 아니다. 대전시티즌에게 필요한 '뛰어난' 감독은 선수들과 함께 호흡할 수 있는 열정과 패기를 갖춘 감독이었다.

국내 프로축구의 역사가 쌓이고, 국가대표 축구팀이 월드컵과 같은 국제무대에서 선전하면서 명장들도 많이 탄생했다. 선수 못지 않게 인기를 한 몸에 받는 감독도 적지 않다. 하지만 대전시티즌에게 필요한 감독은 그런 명장이 아니었다. 사실 모셔

오기도 힘들었다. 얇은 선수층, 열악한 재정, 게다가 2부 리그로 강등. 이런 팀 안팎의 악조건을 딛고 다시 선수들을 조련하고 열정을 불어넣고 팀을 재기시킬 수 있는 그런 감독이 필요했다.

대전시티즌 사장을 맡자마자 감독으로 물망에 오르내리는 분이 있다는 사실을 알았다. 여기서 구체적으로 이름을 밝힐 수는 없지만 이름 석 자만 대면 누구나 알 수 있는 스타급 플레이어 출신에 국내 감독으로는 최정상의 자리에 올랐던 축구계 인사가 추천한 인물이었다.

대전시티즌 사장을 맡으면서 내가 요구한 조건은 단 하나였다. 구단은 물론 선수단 운영의 전권을 맡겨달라는 것. 하지만 감독 선임부터 난관에 봉착한 것이다. 여기저기서 그분을 감독으로 임명하면 좋겠다는 '추천' 이 들어왔다.

아무리 구단과 선수단 운영의 전권을 맡겨달라고 했고, 그 약속을 받아냈지만 왜 마음의 갈등이 없었겠는가. 고민에 고민을 거듭했다. 과연 그 사람이 적당한 인물인가? 그 사람이 대전시티즌 감독으로 적격인가? 그분이 대전시티즌 감독을 맡았어도 선수단을 잘 이끌었을 것이라고 믿는다. 아니 그분이면 숨어 있는 선수, 가려져 있던 선수의 기량을 잘 발굴하고 가라앉은 선수단 분위기를 더 빨리 끌어올렸을 수도 있을 것이다.

그런데 이상하게도 '그래 바로 이 사람이야' 라는 생각이 들지 않았다. 다시 강조하건대 그것은 그분의 역량이나 인품이 부족해서가 절대 아니다. 과연 대전시티즌, 그것도 2부 리그로 강등되고 절치부심 새롭게 전열을 가다듬어야 할 프로축구팀에 적합한 인물인가라는 의문이 계속 들었기 때문이다. 그런 점에서 '그래 바로 이 사람이야' 라는 생각이 들지 않았던 것이다.

그렇다면 대안은?

당시 감독대행을 맡고 있던 조진호 전 수석코치 뿐이었다. 대전시티즌 사장을 맡기 전까지 조 감독과는 아무런 인연이 없었다. 선택의 기준은 하나였다. 누가 대전시티즌을 가장 잘 알고 있는가? 그 당시 상황에서 대전시티즌의 현실과 선수 개개인을 가장 정확하게 파악하고 있는 인물은 조 감독 밖에는 없다고 확신했다. 더구나 시즌 막판 감독대행을 맡으면서 거둔 성적이 8전 5승 2무 1패. 성적으로 이미 감독 자격이 충분하다는 사실을 입증한 셈이다.

대전의 한 호텔에서 조 감독을 만났다. 팀을 계속 이끌어달라고 부탁했고 더 좋은 대우를 해주지 못한다는 점도 분명히 했다. 조 감독은 기꺼이 팀을 맡겠다고 했다. 호텔에서 만난 지 단 5분 만에 모든 것이 이루어졌다. "사장님, 감사합니다. 최선을 다하겠습니다"라고 나에게 인사를 건넸지만 그 말은 내가 하고 싶은 말이었다.

조 감독은 알렉스 퍼거슨이 아니다. 그렇더라도 경기의 99%

는 선수들이 만드는 것이지만 감독 없이는 100%를 만들 수 없다는 사실을 누구보다 잘 알고 있는 감독이었다. 조 감독은 슈틸리케도 아니다. 그래도 누구나 자유롭게 꿈을 꿀 수 있지만 꿈이 결승까지 데려다 주지 않는 사실도 잘 아는 감독이었다. 당연히 히딩크 감독도 아니지만 골을 넣지 못하는 선수를 나무라는 것이 아니라 노골이 두려워 슛을 날리지 못하는 선수를 책망하는 감독이었다.

이런 조 감독은 나에게, 그리고 그 당시 대전시티즌에게 알렉스 퍼거슨이나 슈틸리케, 히딩크와 같은 감독 이상이었다. 이 자리를 빌어 다시 한 번 감사의 인사를 전하고 싶다.

"조 감독님, 감사합니다. 그리고 최선을 다해줘서 진심으로 고맙습니다."

조진호 감독은 누구보다 선수들을 잘 파악하고 있었고, 얇은 선수층으로도 매경기 최상의 경기력을 선보였다.

우승일지 5R(4월 19일)

대전 경계령

4연승. 더구나 또 4–0 대승이었다. 언론에서는 대전을 '축구 특별시' 라고 부르기 시작했다. 대전은 이날 5라운드 원정경기에서 충주를 4–0으로 제압했다. 4연승은 물론 승점 12점으로 안양(승점 10점)을 제치고 처음으로 2014 K리그 챌린지 1위로 등극했다. 덕분에 선수들에게 돌아가는 연승 수당도 250만 원에 달했다. 이제 대전은 다른 팀들의 경계대상 1호가 됐다. 5경기에서 16골. 매 경기 3골을 터뜨린 셈이다. 이 수치는 다른 팀들과 비교해도 압도적이다. 팀 순위 2위 안양과는 3배 이상 차이가 났고, 팀 득점 2위 안산 경찰청보다 2배 가까이 많은 수치다. 물론 그 중심에는 브라질의 '특급 용병' 아드리아노가 있다. 5경기 출전해 8골을 넣었다. 매 경기 득점을 올렸고 대전이 기록한 16골 가운데 절반이 그의 발에서 완성됐다. 챌린지에서 5경기 연속골과 공격포인트를 달성한 선수는 아드리아노가 처음이다. 대전에서 또 하나의 역사가 만들어지고 있는 것이다.

눈물 젖은 동계 전지훈련

중학생 시절이었던 것으로 기억한다. 같은 반에 꽤나 부유한 집안에서 자란 친구가 있었다. 여름방학이 끝나고 그 친구를 포함해 3~5명이 둘러앉아 어디를 놀러 갔다 왔는지 이야기꽃이 피었다. 내 차례가 되었다. 나는 큰아버지 작은아버지 사촌 형, 사촌 누나, 사촌 동생 등 친척 전부가 모여 계곡에 놀러 갔던 일, 편을 나눠 인근 운동장에서 축구시합을 했던 일을 자랑삼아 얘기했다.

내 얘기가 끝나자 부유한 집안의 친구 차례가 되었다. 온 가족이 일본으로 여행을 다녀왔다는 얘기에 나를 비롯한 다른 친구들은 열린 입을 다물지 못했다. 몇 번이고 '정말이냐' 는 질문을 쏟아내며 그 친구의 여행담에 부러움을 감추지 못 했다. '원래는 더 멀리 가려고 했는데 아버지가 너무 바빠서 가까운 일본으로 갔다.' 라는 그 친구의 무덤덤한 얘기에 우리는 속으로 더욱 부러워해야 했다.

지금처럼 해외여행을 쉽게 가던 시절이 아니었다. 부산 해운대나 제주도만 다녀와도 최고의 여름방학을 보낸 것으로 '인정' 받던 그 시절, 온 가족이 일본을, 그것도 원래는 더 멀리 다녀오려고 했던 그 친구의 얘기는 그야말로 부러움을 넘어 충격 그 자체였다. 철없던 어린 시절, 해외여행은 '부(富)' 의 기준으로 자리를 잡았다.

프로축구 구단의 사장이 돼서 이런 기억을 떠올릴 것이라고는 생각하지 못했다. 프로축구는 성적에 관계없이 모든 구단이 해외로 전지훈련을 간다. 대전시티즌도 예외는 아니었다.

해외에서 동계 전지훈련을 하고, 제주도에서 마무리 훈련을 하는 것이 불문율처럼 되어 있다.

선수들과 코칭스태프에게는 정말 미안했지만 대전시티즌에는 여력이 없었다. 줄일 수 있는 모든 부분에서 허리띠를 졸라매야 하는 상황. 아무리 가까운 곳이라도 해외 전지훈련은 무리였다. 결국 3차례의 동계훈련 일정을 모두 국내에서 소화할 수 있도록 프로그램을 짰다.

선수들과 코칭스태프에게 미안함을 떠나 마음이 아팠다. 중학생이었던 그 시절 여름방학을 보내고 와서 친구들과 이야기를 나눴던 순간이 생각났다. 언감생심 꿈도 못 꿀 일이었으면서도 마냥 부럽기만 했던 그때를 돌이켜보면 선수단의 심정이 어땠는지 충분히 미루어 짐작할 수 있었다. 어쩌면 이런 구단에 소속되어 있는 선수라는 게 부끄러웠을지도 모른다.

2부 리그로 강등된 대전시티즌 선수들은 2014년을 준비하는 동계훈련을 그렇게 국내에서 모두 소화했다. 1월에는 전남 고흥에서 체력훈련 위주의 1차 동계훈련, 2월에는 부산 기장에서 조직력 훈련 위주의 동계훈련을 가졌다. 날씨가 추워 전술훈련은 사실상 할 수가 없었다. 코칭스태프에게 '일단 체력과 정신력을 높이는데 주안점을 두고 전술은 실전에 들어가서 경기를 치르면서 키우도록 하자' 고 주문했다.

마음속 서운함과 부끄러움이 가득했을 테지만 선수들은 이를 악물고 훈련을 소화했다. 누구도 불평하지 않았다. 아침마다 해변을 달리고 한겨울 차가운 바닷물에 뛰어들었다.그야말로 '악바리 훈련' 이었다.

동계 전지훈련 당시 가장 잊을 수 없는 것은 대전시티즌 이사진과 후원자들이 전지 훈련지를 직접 방문했던 일이다.

당시 구단주였던 염홍철 대전시장을 비롯해 함영주 하나은행 충청사업본부 대표, 진장옥 대전시체육회 사무처장, 이창섭 충남대학교 교수, 최영환 두리유통 대표, 김병구 법률사무소 더숲 대표, 박태건 CMI 의료재단 이사장 등이 부산 기장을 방문해

대전시티즌 공격의 핵심이었던 아드리아노. 그의 영입은 대성공이었고 아드리아노 역시 한국 무대에 성공적으로 적응했다.

선수들을 격려하고 변함없는 지지를 천명했다.

또 이분들은 선수단 전원에게 특별히 준비한 러닝화를 전달하며 "대전시티즌에 대한 시민들의 지지는 변함이 없다."라는 뜻을 전했다. 구단주와 이사진들이 이렇게 전지 훈련지를 직접 방문해 선수단을 격려한 것은 대전시티즌 창단 이후 처음 있는 일이었다. 비록 국내의 차가운 바닷바람 속에서 진행된 전지훈련이었지만 선수들의 사기는 하늘을 찔렀다.

또 하나 전혀 기대하지 않았던 반가운 연락이 왔다. 제주 유나이티드에서 연습경기 상대가 되어달라는 연락이었다. 사실 해외로 전지훈련을 가지 못한 것도 문제지만 연습 경기 한 번 제대로 치르지 못하고 시즌을 맞는 게 더 큰 문제였다. 내심 쾌재를 불렀다. 그래도 목소리를 가라앉히고 요구 조건을 내걸었다. 왕복 항공료를 제주에서 모두 부담해주면 그렇게 하겠다는 조건이었다.

제주는 그 조건을 수락했다. 꿈도 꾸지 못 했던 제주에서의 마무리 훈련, 그것도 실전 테스트를 해볼 수 있는 기회를 얻게 된 것이다. 그리고 두 차례의 연습경기에서 대전은 3대 1 승리, 1대 1 무승부의 성적을 거뒀다. 비록 연습경기였지만 동계훈련 때 흘렸던 눈물 젖은 땀이 헛되지 않았던 것이다.

지금 생각해도 미안한 일이지만 나는 시즌 내내 선수들이 이런 눈물 나는 훈련을 잊지 않기를 바랐다. 남들처럼 따뜻한 해외에서 전지훈련을 하지 못하고 국내를 전전하며 오로지 뛰고 또 뛰기만 했던 훈련의 순간을 마음속에 담아두길 바랐다. 그리고 그 서러움을, 혹은 분노를 경기장에서 마음껏 날려주길 기대했다.

당시 전지훈련에서 선수들에게 했던 얘기를 지금도 기억한다. "남자에게는 일생에 세 번의 기회가 온다고 합니다. 축구선수라면 우승을 한 번 해보는 것이 그 세 번의 기회 중에 하나라고 생각합니다. 우리는 운이 없는 선수들이 아니라 우승을 할 수 있는 절호의 기회를 얻은 것입니다. 1부 리그에서는 더 힘들겠지만 2부 리그에서는 충분히 할 수 있습니다. 세 번의 기회 중에 하나가 우리를 기다리고 있습니다."

서러움을 가슴속에 담고 이렇게 차가운 바닷바람을 맞으며 훈련했던 시간을 잊지 말아달라고 당부했다. 그리고 선수들은 이 시간을 결코 잊지 않았다.

대전시티즌의 레전드 김은중을 영입해 젊은 선수들에게 자극제 역할을 맡겼다.
김은중은 기꺼이 대전행을 선택한 고마운 선수다.

우승일지 6R(4월 27일)

방심

6라운드 상대는 K리그 챌린지 최하위로 부진을 겪고 있는 부천FC. 낙승이 예상됐다. 하지만 막상 뚜껑을 열어보니 경기는 예상과 달리 전개됐다. 1-1로 팽팽한 균형을 이루다가 후반 43분에 터진 임창우의 극적인 헤딩골로 부천을 제압했다. 김은중이 후반에 교체 투입되면서 경기의 흐름을 바꿨다. 5연승으로 부동의 1위. 경기는 이겼지만 내용은 만족스럽지 않았다. 매 경기 3~4골을 뽑아내던 대전의 공격력은 살아나지 않았다. 더구나 상대는 리그 최하위 부천. 2-1 승리가 결코 만족스러울 수 없는 이유다. 대신 승리보다 값진 교훈을 얻었다. 꼴찌도 절대 만만하게 봐서는 안 된다는 것. 방심은 금물이라는 것. 대전은 다른 구단에 비해 선수층이 얇다. 잘 나가다가도 한 번 발을 헛디디면 계속 추락할 수 있는 여지가 많았다. 그래서 이날의 신승은 승점 3점 이상의 의미를 갖는다. 불변의 진리 하나. 축구공은 둥글다. 1위라고 자만해서도, 꼴찌라고 만만하게 봐서도 안 된다.

희망은 음악 없이도 춤추게 한다

애플의 스티브 잡스는 직원들에게 마주치기 싫은 기피 대상 1호였다고 한다. 외골수의 성격에 때와 장소를 가리지 않는 그의 면박이 직원들에게 많은 상처를 줬다는 얘기를 신문 기사에서 읽은 적이 있다. 그의 인재 선발 방식도 늘 화제가 됐다. 스티브 잡스는 '당신이 신생기업에 있다면 당신이 뽑는 첫 10명이 회사의 성공 여부를 결정할 것' 이라고 강조했다고 한다.

대전시티즌은 K리그 꼴찌의 성적으로 챌린지 강등이라는 초라한 신세로 전락한 팀이었다. 스티브 잡스는 '신생기업' 이라고 표현했지만, 그것이 아직 성공을 거두지 못한 '도전하는 기업' 을 의미한다면 대전시티즌에도 그의 말을 그대로 적용할 수 있을 것 같다. "당신이 뽑는 첫 10명이 팀의 승리 여부를 결정할 것이다.”

대전시티즌은 그전에도 가난한 팀이었지만 내가 사장으로 부임한 뒤 더 가난해졌다. 구단 운영비 가운데 가장 큰 비중을 차지하는 선수단 인건비만 전년도 54억 원에서 20억 원 대로 무려 절반 이상 줄었다. 선수층이 얇아 2부 리그로 강등됐는데 그나마 있던 선수들을 유지하기 어려울 정도로 예산이 줄어든 것이다. 이 돈으로 무슨 일을 할 수 있을까. 눈앞이 막막했다.

돈이 없어 좋은 선수를 데려오지 못했고, 그 결과로 좋은 성적을 내지 못했는데, 더 돈을 아껴 써야 하는 상황에 직면한 것이다. 몸집을 줄이는 것 외에는 달리 방법이 없었다. 이른 바 ‘저비용 고효율’ 전략. 선수단 규모를 줄이고 고액 연봉 선수를 포기하는 것이다. 결국 이전 시즌의 주력 선수들은 이적 시장이 열리자마자 팀을 떠났다. 외국인 선수들도 짐을 챙겼다. .

떠나는 선수도, 떠나보내는 구단도 마음이 아팠다. 패자의 운명이란 그런 것이다. 승리하면 보너스에 연봉까지 올라 행복하게 다음 시즌을 맞을 수 있다. 반면 패자들은 아무것도 보장받지 못하고 뿔뿔이 흩어질 수밖에 없다. 2013년 겨울, 날씨는 추웠고 구단에는 찬바람이 불었다.

그래도 경기에 뛸 선수들은 있어야 했다. 아무리 2부 리그지만 팬들의 마음도 외면할 수 없었다. 더구나 1부 리그 승격으로 실추된 명예를 회복해야 했다. 그러기 위해서는 ‘즉시 투입’ 이

가능한 외국인 공격수를 찾는 일이 급선무였다.

외국인 선수들의 수준은 정확히 '돈'과 비례한다. 돈을 투입할 여력이 있는 팀은 우수한 외국인 선수를 데려와 팀 성적을 올리고 다시 거액의 이적료를 받고 다른 팀으로 넘기는 '남는 장사'를 할 수 있다. 가난한 팀에게는 이것도 허락되지 않는다.

이런 상황에서 아드리아노를 만난 것은 그야말로 행운이었다. 물론 이 선수도 처음에는 조건이 맞지 않았다. 구단 여건상 도저히 데려올 수 없는 선수였다. 도박을 감행했다. 연봉을 많이 못 주는 대신 이 선수가 국내 무대에 적응해서 다른 팀으로 옮길 때 구단에서 얻을 수 있는 이득을 모두 포기한다는 조건을 제시했다. 당시 그를 관리하던 에이전트는 고개를 설레설레 흔들었다. 이런 거래는 처음이라는 것이다.

구단에서도 여건이 허락하는 한 모든 지원을 아끼지 않았다. 시즌 중반 잠시 슬럼프가 찾아왔다. 이때 구단에서는 그의 가족을 국내로 초청했다. 홈경기는 물론 원정경기도 아버지와 여자친구가 그의 활약을 볼 수 있도록 배려했다. 그리고 경기가 없는 어느 날, 그를 불러 가족과 브라질 식당에서 저녁을 먹으라고 금일봉을 전달했다. 그때 진심으로 감동했던 표정을 지금도 잊을 수 없다. 아드리아노는 곧 부진을 씻고 시즌 초반의 기량을 회복해 팀의 연승과 챌린지 1위를 이끌었다.

또 한 명 선수 영입 과정에서 잊을 수 없는 선수는 김은중이다. 김은중은 최고의 전성기는 지났지만 대전시티즌 팬들에게는 여전히 잊을 수 없는 선수로 기억된다. 특히 젊고 경험이 부족한 선수들로 구성된 팀의 정신적 지주가 필요했다.

역시 돈이 문제였다. 김은중도 대전시티즌을 사랑하고 대전의 팬들에게 항상 고마운 마음을 갖고 있었지만 그도 프로 축구 선수다. '열정 페이'나 봉사 정신만을 강요할 수는 없다. 그의

국내에서 동계훈련을 소화한 선수들은 차가운 물속에 뛰어들며 우승 의지를 불태웠다.

몸값에 맞는 돈을 줄 수 없는 구단으로서는 다른 파격적인 조건을 제시할 수밖에 없었다.

세 번째 접촉 때까지는 협상이 이루어지지 않았다. 네 번째 접촉에서 나는 마지막 카드를 꺼내 들었다. 연봉은 요구한 만큼 맞춰줄 수 없지만 다년(4년) 계약을 하고, 1년은 선수 겸 플레잉 코치로 뛰고, 그 뒤에는 소속은 유지하되 본인이 원하는 대로 구단에서 해주겠다는 것.

김은중은 역시 스타였다. 그리고 팬들의 사랑에 대해 진심으로 고마워할 줄 아는 선수였다. 김은중은 마지막 협상 조건을 받아들이며 이렇게 말했다.

"사장님과 팬들이 진심으로 저를 원하고 있다는 마음이 느껴져 수락하는 겁니다. 감사합니다."

그 두 선수를 데려온 것은 돈의 힘이 아니었다. 김은중이 말한 것처럼 신심의 힘이었다고 나는 믿는다. 홈팬들, 팀, 특히 나는 두 선수를 진심으로 원했다. 그리고 그 마음이 통했다. 흡족할 만한 액수를 받고 대전시티즌에 온 것은 아니지만 두 선수 역시 팀과 팬들을 위해 헌신적으로 그라운드를 누볐다.

스티브 잡스는 돈이 많았다. 그래서 회사를 먹여 살릴 수 있는 인재가 눈에 띄면 기꺼이 돈을 투자했을 것이다. 대전시티즌은 돈이 없었다. 아무리 실력이 좋고 팀에 꼭 필요한 선수라고 해도 데려올 엄두를 내지 못했다. 하지만 아드리아노와 김은중은 '돈'이 아니라 열정과 도전 정신을 보고 기꺼이 대전시티즌을 선택했다. 나는 그때 알았다. 꼭 돈이 아니더라도 사람의 마음을 움직일 수 있는 게 분명히 있다는 사실을.

영국 속담에 이런 말이 있다고 한다. '희망에 사는 사람은 음악 없이도 춤을 춘다.' 대전시티즌이 공포의 외인구단으로 다시 탄생할 수 있었던 가장 큰 힘은 희망과 목표였다고 나는 믿는다. 그리고 이 말도 믿는다. "희망에 사는 사람은 음악 없이도 다른 사람을 춤추게 만든다." 음악 없이도 다른 사람을 춤추게 할 수 있는 사람이 되고 싶다.

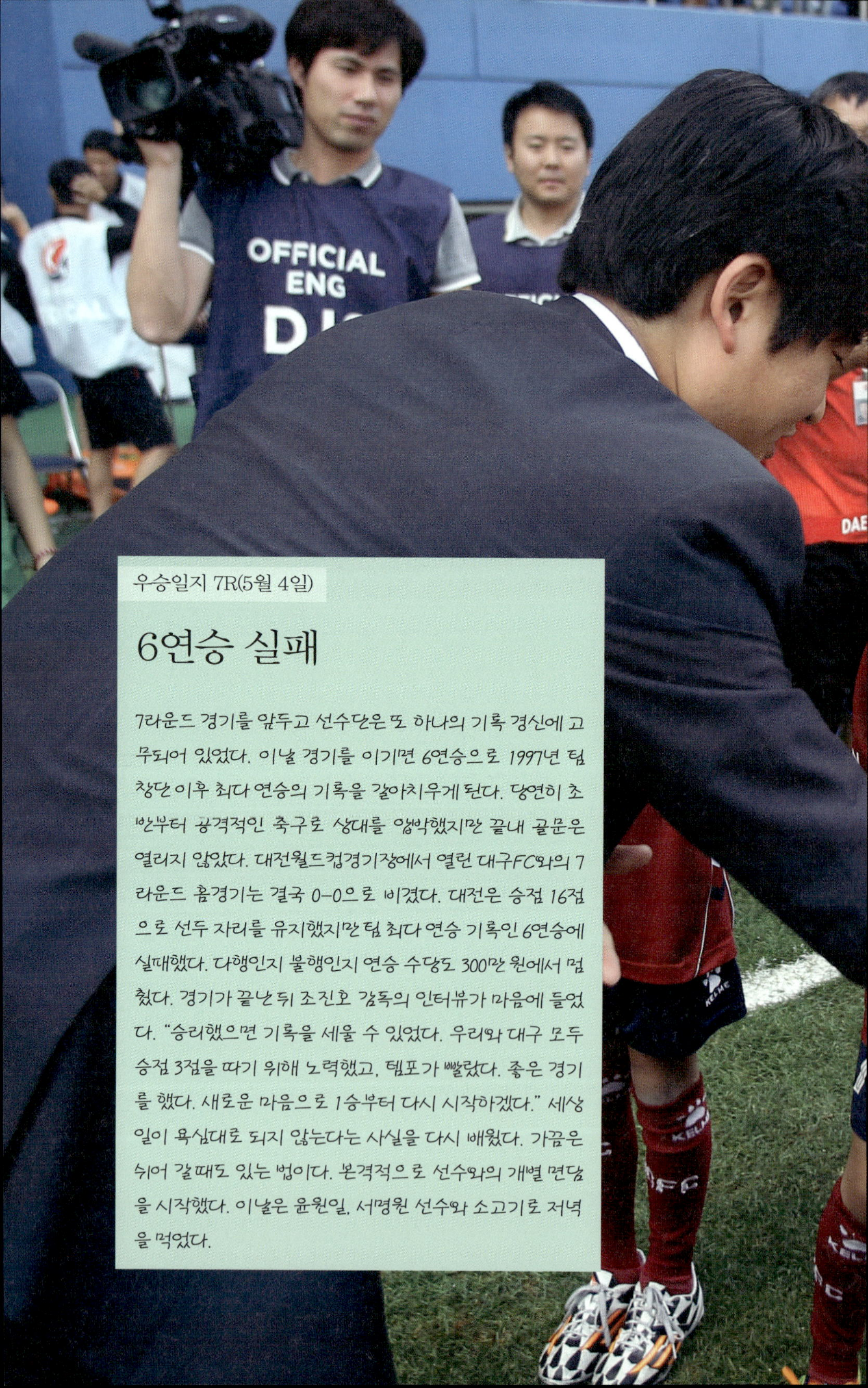

우승일지 7R(5월 4일)

6연승 실패

7라운드 경기를 앞두고 선수단은 또 하나의 기록 경신에 고무되어 있었다. 이날 경기를 이기면 6연승으로 1997년 팀 창단 이후 최다 연승의 기록을 갈아치우게 된다. 당연히 초반부터 공격적인 축구로 상대를 압박했지만 끝내 골문은 열리지 않았다. 대전월드컵경기장에서 열린 대구FC와의 7라운드 홈경기는 결국 0-0으로 비겼다. 대전은 승점 16점으로 선두 자리를 유지했지만 팀 최다 연승 기록인 6연승에 실패했다. 다행인지 불행인지 연승 수당도 300만 원에서 멈췄다. 경기가 끝난 뒤 조진호 감독의 인터뷰가 마음에 들었다. "승리했으면 기록을 세울 수 있었다. 우리와 대구 모두 승점 3점을 따기 위해 노력했고, 템포가 빨랐다. 좋은 경기를 했다. 새로운 마음으로 1승부터 다시 시작하겠다." 세상일이 욕심대로 되지 않는다는 사실을 다시 배웠다. 가끔은 쉬어 갈 때도 있는 법이다. 본격적으로 선수와의 개별 면담을 시작했다. 이날은 윤원일, 서명원 선수와 소고기로 저녁을 먹었다.

돈이 없어 가난한 게 아니라 쓸데없는 곳에 돈을 쓰니까 가난한 거다. 경기 전후 불필요한 이벤트도 최소화하고 대신 어린 꿈나무들을 초청하는 행사를 많이 가졌다.

첫 경기 첫 패배

지는 것을 좋아하는 사람이 누가 있겠냐마는 나도 어릴 때부터 지는 것을 유독 싫어했다. 고등학교 때 농구 동아리를 만들어 활동했는데 한 번은 정말 어이없이 경기에서 졌다. 상대팀은 분명 우리보다 약체였고, 그들도 우리가 자기들보다 강하다는 걸 알고 있었다. 그런데 경기가 풀리지 않았다. 내가 던진 공은 번번이 링을 맞고 나왔다. 결국 그 경기는 졌다.

너무 분했다. 강한 팀에게 졌다면 핑곗거리라도 있을 텐데 이건 어떤 말로도 변명이 되지 않았다. 너무 분하고 억울하고 화가 났지만 그것을 내색할 수가 없었다. 나는 그때 감독 겸 주장을 맡고 있었다. 어린 마음에도 내가 그러면 팀 전체의 사기에 문제가 있겠다는 생각이 들었다.

다음에 이기면 된다고, 다음에는 오늘 같은 경기를 하지 말자고 하면서 파이팅을 외쳤다. 그리고 등을 돌려 걸어가는데 나도 모르게 눈물이 주르륵 흘러내리는 게 아닌가. 깜짝 놀랐다. 누가 볼까봐 얼른 눈물을 닦았다. 그 상황에서 눈물을 흘렸다는 게 너무 싫었다.

대전시티즌은 2부 리그로 강등된 '실패한 팀' 이다. 나는 선수들이 이기려고 끊임없이 노력하고 시도했지만 어쩔 수 없이 닥친 실패라고 믿었다. 그리고 강등 이후 첫 경기에서 선수들이 그것을 입증해주길 바랐다. 우리는 시도했지만 실패했고, 실패했지만 이렇게 다시 시도한다는 것을 선수들이 첫 경기에서 꼭 보여줬으면 좋겠다고 생각했다.

대전시티즌 사장을 지내면서 잊을 수 없는 장면 가운데 하나는 당연히 첫 경기였다. 운동선수 출신은 아니지만 그 누구보다 운동을 좋아했다고 자부하는 나로서는 선수들만큼이나 승부욕이 불타올랐다.

선수단과 프런트 직원들에게는 마음 편히 첫 경기에 임하자고 수시로 얘기했지만 사실 나부터도 마음을 편하게 먹을 수 없었다.

3월 22일 수원월드컵경기장. 드디어 첫 경기가 열렸다. 팀으로서는 2부 리그 강등된 후 첫 경기였고, 개인적으로도 사장으로 취임하고 맞는 첫 경기였다. 경기장에는 대전에서 원정 응원을 온 팬들이 많았다. 대전시청과 대전시생활체육회 직원들도 직접 응원을 왔다. 정말 꼭 이기고 싶었다. 꼭 이겨야 한다고 생각했다. 반드시 이기게 해달라고 빌었다. 나만 그런 건 아니었을 것이다. 그날 경기장에 온 홈 팬들이라면 누구나 그런 심정이었을 것이다.

챌린지 첫 경기에서 대전은 수원 FC 1-4로 완패했다. 호된 신고식을 치른 것이다. 그러나 우승을 향한 우리의 꿈은 더욱 불타오르고 있었다.

경기 시작을 알리는 주심의 휘슬이 울렸다. 선수의 동작 하나, 패스 하나가 모두 눈에 들어왔다. 그 순간만큼은 나도 선수가 됐다. 우리 선수가 태클에 걸려 넘어지면 나도 넘어졌다. 우리 선수가 골문을 향해 쇄도하면 나도 달렸다. 선수들이 그라운드에서 흘리는 땀이 내 얼굴과 입고 있던 옷을 적셨다. 나도 그들만큼 땀을 흘렸다.

수원 FC는 2부 리그로 처음 강등된 팀이라고 봐주지 않았다. 우리를 제물로 시즌 첫 승을 올리고, 1부 리그 못지 않은 매서운 신고식을 치르게 해주겠다는 의지가 엿보였다. 첫 골을 너무 빨리, 너무 쉽게 허용한 게 화근이었다. 아드리아노가 동점골을 터뜨렸지만 후반에만 세 골을 더 허용했다. 1-4의 완패. 우리가 약했다기보다는 수원 FC가 강했다.

하지만 선수들이 대견했다. 1-1 동점으로 전반을 마친 뒤 감독의 지시가 있었을 것이다. 전반전보다 후반전의 선수들 몸이 훨씬 가벼웠다. 공격에 힘을 싣고 골문을 두드렸다. 골대를 살짝 빗나간 서명원의 발리 슈팅이 너무 아쉬웠다. 비록 연속골을 허용하긴 했지만 수비만 하다가 진 게 아니었다는 점에서 고무적이었다. 코칭스태프와 선수들이 한마음으로 반드시 이기겠다는 의지가 엿보인 경기였다. 그러면 됐다. 공격도 한 번 제대로 못 해보고 무기력하게 졌다면 그런 기분이 들지 않았을 것이다.

사실 경기 시작 전 프런트와 작전을 짰다. 만약 첫 경기에서 이기면 무조건 대전에 와서 바비큐 파티를 벌인다. 지면 이날 경기는 없었던 경기로 만든다. 선수들은 물론 프런트들도 첫 경기 결과에 대해 함구령을 내렸다. 그리고 패색이 짙어진 후반 30분께 돈 봉투를 준비하라고 했다.

결국 경기는 1-4 패배로 끝났다. 경기가 끝난 뒤 선수단 버스에 올랐다. 선수들은 갑자기 사장이 버스에 올라타자 안 그래도 굳어 있던 얼굴이 더 굳어졌다.

전후반 90분을 뛰느라 피곤한데다 경기에 져서 분위기도 안 좋은데 사장까지 나타났으니 기분이 좋을 리 없었을 것이다.

버스에 오른 나는 미리 준비한 격려금을 선수들에게 나눠주었다. 다시 버스 맨 앞자리로 와서 선수들에게 말했다. '오늘 치른 경기는 리그 첫 경기가 아니다' 라고. 대전 홈구장에서 열리는 2라운드 경기가 우리의 첫 경기라고. 오늘 경기는 우리가 겨우내 땀과 눈물을 흘렸던 동계훈련의 마지막 연습경기였다고. 그리고 선수단 전원에게 3일간의 휴가를 줬다.

선수들을 태운 버스가 대전으로 출발하는 것을 보고 나도 차에 올랐다. 운전을 하고 수원에서 대전까지 내려오는데 쉴 새 없이 전화기가 울렸다. 지인도 있고 기자들도 있었다. 첫 경기를 치른 소감과 패인을 묻는 질문이었다. 씩씩하게 답했다.

'경기는 아쉽게 졌지만 감독이나 선수들의 잘못이 아닙니다. 오늘 결과는 전적으로 저한테 있습니다.'

그렇게 대전에 도착했는데 정작 나는 그냥 집으로 갈 수가 없었다. 집에 가봐야 뜬 눈으로 밤을 새울 게 뻔했다. 마침 친한 후배들 두 명이 술을 마시고 있다는 정보를 입수했다. 마음은 집을 향했지만 이미 발걸음은 그쪽으로 향하고 있었다.

술집에 도착하니 후배 한 명이 소주와 맥주를 섞은 폭탄주 넉 잔을 만들어 내 앞에 놨다.

"네 골이나 먹었으니 일단 넉 잔 마시고 시작해야죠?"

정말 잔인했다. 그렇지만 마셨다. 이 술로 패배의 아픔을 잊을 수 있다면, 경기에서 패한 게 정말 없었던 일만 되면 얼마나 좋을까. 그런 심정으로 단숨에 모든 잔을 비웠다. 그러고 나니 마음이 조금 진정됐다. '잔인한' 후배 덕분에 첫 경기 패배의 아픔을 그렇게 웃으며 풀 수 있었다.

우승일지 8R(5월 11일)

감독을 위한 선물

앞선 두 경기 결과가 썩 만족스럽지 않았다. 6라운드 부천과의 경기에서는 2-1로 어렵게 이겼고, 7라운드 대구FC와의 경기에서는 0-0 무승부를 기록했다. 6경기 연속 무패 행진을 이어가며 선두를 지키고 있었지만 불안한 1위였다. 언제든 치고 올라올 수 있는 실력을 갖춘 팀들이 적지 않았다. 8라운드 경기는 대전월드컵경기장에서 치러졌다. 상대는 만만치 않은 전력을 보유한 안산 경찰청. 국가대표급 선수들에 가까웠다. 그리고 거친 상대들이었다. 하지만 대전은 아드리아노의 연속골로 2-0 승리를 거뒀다. 7경기 연속 무패행진을 이어가며 사실상 선두 굳히기에 들어가는 분수령이 된 경기였다. 이날 경기가 뜻깊었던 또 다른 이유는 그동안 '감독대행'으로 선수단을 진두지휘했던 조진호 감독이 '대행' 꼬리표를 뗀 이후 첫 경기였다는 점. 선수들은 정식으로 '감독' 호칭을 얻게 된 사령탑에게 승리라는 가장 값진 선물을 안겨줬다. 감독은 이러한 선수들에게 깊은 감사의 마음을 전했다.

2부 리그 챌린지로 강등된 대전시티즌 선수들의 각오는 비장했다.

스포츠의 세계는 비정한가

누가 카카오톡으로 동영상 하나를 보내왔다. 이런저런 감동 문구나 감동 기사, 동영상을 자주 보내주던 지인이다. 동영상은 나도 뉴스에선가 봤던 내용이었다.

지난해 초 열린 우크라이나 프로축구 1부 리그 경기. 한 선수가 골키퍼와의 충돌 이후 쓰러진 뒤 의식을 잃자 주변에 있던 상대팀 선수 세 명이 달려들어 기도를 확보하고 인공호흡을 실시한다. 한 선수는 초조한 마음에 인공호흡을 하면서도 발을 동동 구르고, 또 한 선수는 안타까운 마음에 절규한다.

모두 상대팀 선수들이다. 이들의 인공호흡은 의료진이 도착할 때까지 계속되고 결국 쓰러진 선수는 의식을 되찾는다.

이 영상을 보면 '스포츠의 세계는 비정하다.' 라는 말이 자꾸 어색하게 들린다. 어느 종목이든 스포츠의 세계는 비정하다. 승자만이 모든 것을 독식한다. 패자는? 여러 가지 변명과 이유도 있겠지만 입이 열 개라도 할 말이 없다. 축구도 마찬가지다. 더구나 축구 경기의 특성상 한 치의 양보도 없는 치열한 전투가 벌어진다. 그라운드는 곧 전장이다.

이런 스포츠가 그래도 사람들의 마음을 사로잡는 것은 승패로 좌우되는 비정함만 있는 게 아니기 때문이다. 그라운드에서는 그 무엇으로도 연출할 수 없는 감동 스토리가 꽃을 피운다. 인생역전의 드라마도 펼쳐진다.

올해 프로야구에서는 성적에 관계없이 한화이글스가 주인공이었다. 매 경기 짜릿한 승부도 승부였지만 한화이글스 선수들의 스토리도 가슴 뭉클하다. 암을 극복하고 복귀해 맹타를 휘둘렀던 정현석, 다른 팀에서는 주전 경쟁에 밀려 출전 기회조차 제대로 잡지 못했던 김경언, 일본과 국내 독립리그를 전전하다 꿈의 프로야구 무대를 밟은 신성현. 성적에 관계없이 '그들이 있어 행복했다.' 라고 말하는 야구팬들이 많다.

2014년 감동의 주인공은 누가 뭐래도 대전시티즌이었다. 구단이 가난하다 보니 '눈물 젖은 빵' 을 먹고 성장한 선수가 적지 않다. 대전시티즌처럼 상황이 열악한 팀이 치열한 경쟁에서 생존할 수 있는 방법은 하나 뿐이다. 이미 성장한 선수가 아니라 성장할 가능성이 큰 선수를 찾아서 발굴하는 것이다.

잊을 수 없는 장면도 많지만, 잊을 수 없는 선수들도 많다. 내가 한 것이라고는 그 선수들이 마음껏 뛰게 해준 것 뿐인데도 그렇게 '마음껏 뛰게 해준 것만으로도 고맙다.' 라고 말하는 선수도 있었다.

임창우가 대표적이다. 그는 지난 2010년 울산 현대에 입단했지만 네 시즌 동안 단 여섯 경기에만 출전했다. 사실상 자포자기하는 심정으로 군 문제나 해결하자며 경찰청에 지원했고 입대를 앞두고 있었다. 우리 팀이 임대 선수로 데려오기로 했고, 임창우도 입대를 보류하고 대전행을 선택했다.

대전에 와서 진가가 드러나기 시작했다. 울산에서는 출전 기회를 잡기 어려웠지만 대전에서는 주전 수비수로 자리를 잡았다. 그동안 벤치 신세의 설움을 한 번에 날려버리기로 작정한 듯 그라운드를 누볐다.

이런 임창우를 눈여겨 본 국가대표팀은 2014인천아시안게임에 그를 발탁했다. 그리고 그는 스스로 본인의 인생역전 드라마에 방점을 찍는다.

또 한 명은 서명원. 초등학교 때부터 발군의 실력으로 각종 대회에서 최우수 선수로 뽑히는 등 한국 축구를 이끌 차세대 유망주로 꼽혔다. 중학교 시절에는 프리미어리그 소속이던 포츠머스 유소년팀으로 축구 유학을 떠나기도 했다. 하지만 불운이 찾아왔다. 고등학교 시절인 2012년 가을 팀 훈련 중에 무릎 십

대전으로 이적한 후 새로운 축구 인생을 시작한 임창우 선수.

자인대가 파열되는 큰 부상을 입은 것이다.

하지만 서명원의 출신 지역 연고팀이었던 대전은 그를 포기하지 않았다. 결국 서명원은 대전에서 19세의 나이로 주전 공격수로 맹활약하며 주변의 우려와 걱정을 깨끗하게 씻어냈다. 그 역시 2부 리그인 대전에서 프로선수 생활을 시작한 것에 대해 만족감을 표시했다.

깊은 인상을 남긴 또 다른 선수는 골키퍼 박주원이다. 그 역시 주전 골키퍼 자리를 차지하지 못하고 벤치에 앉아 있는 경우가 많았다. 유심히 관찰해보니 골키퍼의 기본적인 자세인 카리스마가 없었다.

어느 날 개인적으로 박주원을 불렀다. 딱 한 마디만 했다. 넌 너무 순해 보인다고. 그러니 머리 파마를 하고 염색도 해보라고. 박주원은 헤어스타일을 바꿨다. 그리고 일주일 뒤 우연찮게 주전 골키퍼를 대신해 경기에 출선할 기회가 생겼고 강렬한 인상을 남겼다. 그리고 이후 대전의 든든한 수문장이 된다.

이들 말고도 대전에서 제2의 축구 인생을 꽃피운 선수는 한둘이 아니다. 포항에서 1순위로 지명했지만 주전에서 밀렸던 김찬희도 대전으로 이적한 뒤 맹활약하며 부동의 에이스로 자리를 잡았다. 제주에서 1순위로 영입했지만 무릎 부상 때문에 제대로 실력 발휘를 못했던 윤원일은 대전에서 주장 완장을 차고 맹활약했다. 수원에서 이적한 안영규는 36라운드 전 경기를 모두 뛰면서 최장시간 출전 선수라는 타이틀을 얻었다.

장원석과 김한섭은 대전에서 프로축구 100경기 출장이라는 뜻깊은 기록을 세웠다. 울산에서 유일하게 이적료를 지불하고 데려온 김종국도 공격형 미드필더로 제 역할을 다했으며, 수비형 미드필더 정석민은 부주장으로 팀 내 궂은 일을 도맡아 하면서도 중요한 경기마다 골을 터뜨렸다. 송주한은 신인이면서도 다양한 포지션을 소화해 선수층이 얇은 대전의 '효자 선수'로 자리를 잡았다.

이들은 대전에서 제2의 축구 인생을 꽃피우며 그라운드에서 감동적인 인생 역전의 드라마를 연출했다. 사장인 나도, 감독이나 코치도, 이들에게 해줄 수 있는 것은 기회를 주는 것 뿐이었다. 그리고 그들은 이런 기회를 놓치지 않았다. 이 선수들을 생각하면 '스포츠의 세계는 비정하다'라는 말이 더 어색해진다.

아드리아노와 함께 대전의 공격을 이끌었던 서명원 선수.

우승일지 9R(5월 14일)

자신감

휴식은 짧았다. 5월 11일 8라운드 경기를 치르고 이틀밖에 쉬지 못했다. 더구나 원정 경기에다 아드리아노도 뛰지 못했다. 하지만 대전은 이날 안양종합운동장에서 열린 안양과의 경기에서 화끈한 공격력을 과시하며 3-2로 승리를 거뒀다. 이틀밖에 쉬지 못한 체력적인 부담, 핵심 공격수의 공백이라는 한계를 극복하고 거둔 값진 승리였다. 무엇보다 끝까지 버티는 수비 조직력이 돋보였고 김은중까지 적극적으로 수비에 가담하는 모습이 인상적이었다. 대전은 이날 승리로 개막전 패배 후 8경기 연속 무패행진을 이어갔다. 9라운드를 거치면서 대전은 K리그 챌린지의 9개 팀을 모두 상대했다. 비록 개막전에서 수원에 1-4로 패했지만 나머지 팀에게는 모두 승리를 거두거나 비겼다. 어떤 팀을 만나도 두렵지 않게 된 것이다. 반대로 다른 팀들에게는 '대전 경계령'이 내려졌다. 부동의 1위를 지키고 있고 아직 갈 길이 멀었지만 선수들의 사기는 더없이 높았다. "어떤 팀을 만나도 두렵지 않습니다!"

이별은 늘 슬프다

어렸을 때 TV에서인지 비디오로 봤는지 기억이 불분명하지만 〈셰인〉이라는 서부영화를 본 기억이 난다.

셰인은 함부로 총을 뽑지 않지만 한 가족을 괴롭히는 악당을 처치하기 위해 허리 총을 차고 마을로 향한다. 순식간에 악당을 모두 쓰러뜨리고 마을을 떠나려 하자 그동안 정이 든 소년이 눈물을 흘리며 붙잡는다.

하지만 셰인은 "어머니에게 더 이상 이 마을에는 총이 필요 없다고 말씀드려라"라는 말을 남기고 떠난다. "셰인, 돌아와요!" 저 멀리 셰인이 사라질 때까지 소년은 계속 그를 소리쳐 부르지만 메아리만 돌아올 뿐이다.

그때는 도무지 이해가 되지 않았다. 모든 문제가 해결됐고,

다들 그를 좋아하고, 특별히 갈 곳도 없어 보이는데 그렇게 냉정하게 떠나야 하는 건지. 셰인이 솔직히 미웠다.

비록 오랜 삶을 살지 않았지만 나이가 조금 들고서야 알았다. 누구든 언젠가 때가 되면 떠나야 하고, 그 이별을 담담히 받아들일 수 있을 때 진정한 어른이 된다는 사실을. 이제는 셰인이 그토록 애타게 부르는 소년을 뒤로 하고(영화에서는 한 번도 뒤돌아보지 않았던 것으로 기억한다) 왜 떠나야 했는지 조금은 알 것도 같다.

회자정리(會者定離)라고 했던가? 만나면 언제가 헤어지는 법이다. 그것은 그라운드에서도 마찬가지다. 아니 그라운드에서 그런 일은 더 자주 마주치게 마련이다.

사장 재임 시절 전북에서 뛰고 있던 최은성 선수가 그라운드를 떠났다. 물론 내가 나서지 않아도 될 일이다. 나보다 형님뻘인 그는 내가 사장으로 부임하기 전인 2012년에 이미 대전시티즌을 떠났다.

최은성은 지난 1997년 대전에 입단한 이후 15년 동안 대전의 골문을 지켰다. 그를 방출시킨 팀도, 팀을 떠난 그도 어찌 보면 보기 좋은 작별은 아니었을 것이다.

그래도 최은성은 대전시티즌 불변의 레전드였다. 동시에 한국 축구 수문장의 레전드이기도 했다. 그를 그냥 보내고 싶지 않았다. 2014년 7월 20일 전주월드컵경기장에서는 전북과 상주의 K리그 클래식 16라운드 경기가 펼쳐졌다. 최은성의 고별 경기였다. 그는 등번호 532번이 새겨진 유니폼을 입고 마지막 경기에 임했다.

숫자 532는 이날 경기까지 최은성이 K리그에서 골키퍼 장갑을 끼고 출전한 통산 기록이다. 김병지와 김기동에 이어 세 번째로 500경기 출전 기록을 세웠다. 대전에서는 무려 464경기

전주월드컵경기장에서 열린 최은성 선수 은퇴식. 구단을 대표해 기념메달을 걸어주고 고마움을 전했다.

를 뛰어 단일 팀 최다 경기 출전 기록도 세웠다.

전반전이 끝나고 하프타임 때 은퇴식이 열렸다. 경기전 그의 은퇴 소식을 듣고 전북 이철근 단장에게 대전시티즌에서도 축하해줄 수 있는 시간을 달라고 요청했다.

처음에는 난색을 표했다. 하긴 다른 팀에 간 선수의 은퇴식에, 다른 팀이 마련한 은퇴식에 이전 소속 팀이 끼어들 여지는 없었다. 거절해도 할 말은 없었다. 하지만 순수하게 대전에서 오랫동안 뛰었던 선수를 대전 팬들과 함께 축하하는 마음으로 떠나보내주고 싶다는 진심이 통했는지 부탁을 받아줬다.

프로 축구 뿐 아니라 다른 종목에서도 이전 소속 팀과 현재 소속 팀이 동시에 은퇴식을 열어주는 장면은 흔치 않은 모습일 것이다. 이날 최은성의 은퇴경기에는 전북 뿐 아니라 대전의 관계자와 팬들도 참석해 최은성의 마지막 경기를 지켜봤다. 대전 팬들은 대전 시절 최은성의 등 번호인 21번과 '수호천황 최은성' 이라는 문구가 담긴 현수막을 내걸고 그를 배웅했다.

21번이 새겨진 순금 메달을 전달했다. 그리고 그를 떠나보낸 구단을 대표해 최은성에게 사과했다. 최은성은 역시 대선수였다. 무슨 소리냐고 펄쩍 뛰었다. "다 잊어버렸다. 사장님 덕분에 마음의 상처가 많이 씻겼다." 최은성의 이 말은 진심이었을 것이다. 아니 진심이 아니라도 좋았다. 그렇게 말해 준 최은성이 너무 고마웠다.

팬들도 눈물을 흘렸고 최은성도 눈물을 감추지 못했다. 15분의 짧은 은퇴식이었지만 너무나 가슴 뭉클한 순간이었다.

모든 선수들이 화려한 은퇴식을 갖고 그라운드에서 물러나는 것은 아니다. 은퇴한 사실조차 모르게 사라지는 선수들이 훨씬 많다. 이별에도 예의가 있다면 팬들 입장에서 운동선수를 떠나보내는 최고의 예의는 은퇴식이라고 생각한다. 최근에 가장 인상적인 장면은 차두리 선수의 국가대표 은퇴식이었다. 지난 3월 치러진 뉴질랜드와의 평가전을 끝으로 그는 국가대표에서 은퇴했다.

"선수로 뛰는 동안 해온 것 이상으로 많은 분들의 사랑을 받았습니다. 잘하지는 못했지만 항상 열심히 하려고 애썼고…." 차두리는 더 이상을 말을 잇지 못하고 아버지 차범근의 품에 안겨 하염없이 눈물을 흘렸다. 나도 덩달아 눈시울이 뜨거워졌다. 잘할 때도, 못할 때도 차두리는 늘 '차범근의 아들'이었다. 그것은 그에게 큰 부담이었으리라. 잘했고 열심히 했지만 그만큼 아쉬움도 클 것이다. 선수와 팬들은 차두리의 이름을 연호했고 뉴질랜드 선수들도 박수를 보냈다. 선수들의 은퇴식은 언제 봐도 늘 가슴 뭉클하다.

자신이 하던 일에서 '은퇴'하는 선후배님들을 가끔 만난다. 큰일이든 작은 일이든 자신의 청춘을 바친 일이라면 누구나 회한과 미련을 갖게 마련이다. 이런저런 상념도 교차한다. 기쁘고 즐거운 일보다는 아쉽고 안 좋았던 일들이 더 많이 떠오를 것이다. 그래서 술자리, 저녁자리는 가급적 빼놓지 않고 참석하는 편이지만 특히 아는 선후배의 고별 자리라고 하면 모든 것을 제쳐놓더라도 꼭 참석하려고 애쓴다. 그게 자리를 떠나는 분에게 내가 해줄 수 있는 최소한의 예의라고 여긴다.

화려한 은퇴식, 혹은 고별무대가 아니어도 함께 있어주는 것, 그리고 그 사람의 과거를 함께 추억해주는 것, 그것만큼 더 소중한 은퇴식은 없다고 생각한다. 앞으로도 누군가 화려하게 입성할 때보다 쓸쓸하게 퇴장할 때 함께 있어주려고 노력하는 사람, 더 함께 하고 싶은 사람이 되려고 노력 중이다.

우승일지 10R(5월 18일)

이 없으면 잇몸

경기를 거듭할수록 대전은 강팀의 면모를 갖춰가기 시작했다. 광주에서 열린 K리그 챌린지 10라운드 경기에서 대전은 2-0으로 광주를 제압했다. 9경기 연속 무패 행진을 이어가며 독주체제를 갖추기 시작한 것이다. 언론들도 지난 시즌 K리그 클래식에서 최하위의 수모를 겪을 당시 대전과는 완전히 다른 팀이 되었다고 극찬을 아끼지 않았다. 하지만 이날 경기는 쉽지 않았다. 원정 경기로 치러진데다 수비의 핵심이자 주장 완장을 차고 있던 윤원일이 무릎 부상으로 결장하고 서명원이 부상에서 회복되지 않아 공수 양면에서 공백이 생긴 상태였다. 하지만 이들이 빠진 자리에 다른 포지션의 선수들을 앉힌 파격적인 실험은 대성공이었다. 선수층이 얇은 팀에게는 주전 1~2명의 공백이 클 수밖에 없다. 하지만 대전은 누가 빠져도 다른 선수가 그 자리의 공백을 메울 수 있을 만큼 탄탄한 팀이 되어 있었다. 이날은 5.18 민주화운동 기념일. 경기를 마치고 돌아오는 길에 5.18 묘역을 참배했다.

경기시작 전 긴장을 풀기위해 나누던 하이파이브, 이 작은 의식이 서로 소통하는 계기가 되었다.

직원이 회사, 선수가 팀이다

대전시티즌 사장으로 취임하자마자 가장 신경 쓴 것은 소통이었다. 그래서 한 일 가운데 하나가 엽서 쓰기와 선물 주기였다. 36라운드 매 경기 단 한 차례도 거르지 않고 경기 전날 선수들에게 직접 엽서를 썼다.

이전 경기에서 잘 못한 선수에게는 이번에는 숨어있는 실력을 제대로 보여주라고, 골을 넣었던 선수에게는 그때 골을 넣었던 감각을 되살려 이번 경기에서도 골을 터뜨려달라고 썼다.

선수들 뿐만 아니라 감독과 코치, 트레이너 심지어 선수들의 이동을 책임지는 버스기사 아저씨에게도 썼다.

그리고 기념품을 하나씩 준비해 엽서와 함께 선물로 줬다. 영화 관람권, 커피 교환권, 미용실 할인권 등 비록 1만 원 이내의 작은 기념품이었지만 한 번 할 때마다 액수로 환산하면 50만 원이 넘었다. 허리띠를 졸라매도 모자란 구단 살림에 그것도 부담이었다. 협찬을 받아서 그 선물을 마련했다. 경기장에서 홍보해주는 대신 업체에서는 기념품을 제공해주는 식이었다.

2부 리그로 강등된 대전시티즌이 좋은 성적을 거두기 위해서는 무엇보다 소통과 응집력이 필요했다. 개인의 실력보다 팀워크,경기력보다 단합이었다. 그것을 위해서라면 나는 무엇이든 마다하지 않고 했다.

그리고 대전시티즌이 리그 우승과 1부 리그 승격의 값진 열매를 맺을 수 있었던 것은 이런 전략이 어느 정도 먹혔기 때문이라고 나는 믿는다.

소통과 응집력을 높이기 위해 또 하나 신경 쓴 것은 선수 선발이다. 대전시티즌 사장을 맡고 가장 많이 들은 얘기가 '선수를 잘 뽑아야 한다'는 것이었다. 왜 그렇게 당연한 얘기를 많은 사람들이 입이 닳도록 강조하는지 처음에는 이해하기 어려웠다. 시간이 조금 지나고서야 알았다. '선수 잘 뽑기'가 현실적으로 그만큼 어렵다는 얘기였다.

대전시티즌은 시민구단이다. 당연히 다른 부자 구단에 비해 좋은 선수를 영입할 만한 여력이 없다. 돈만 많다면 좋은 선수를 데려오고, 그 돈에 걸맞은 플레이를 요구하면 된다. 선수들도 그 사실을 너무나 잘 알고 있다. 그런데 돈이 없는 구단은

누구나 크고 작은 실수를 한다. 축구 선수든 처음 직장생활을 하는 사람이든 그런 면에서 우리는 모두가 미생이다.

'저비용 고효율' 을 고민할 수밖에 없다.

이런 원칙만 제대로 지켜져도 사실 별문제는 없다. 왜냐하면 스타플레이어와 이제 막 기량을 꽃피우기 시작한 선수, 은퇴를 목전에 둔 선수와 갓 프로에 입문한 선수의 실력 차이는 어찌 보면 종이 한 장 차이일 수도 있기 때문이다.

그런데 그게 안 된다. 왜 안 되냐고? 선수 선발이 공정하고 투명하지 않기 때문이다. 외부 입김도 많이 작용한다. 다시 말하지만 시민구단은 돈이 없다. 그렇다 보니 외부의 힘에 많이 의존할 수밖에 없다. 이 과정에서 거절할 수 없는 부탁과 요청이 들어온다. 사실 그 사람들도 탓할 수 없다. 밑빠진 독에 물 붓기 식으로 지원을 하고 있는데 그 정도는 구단에서 충분히 들어줄 수 있다고 생각하는 거야 인지상정이니까. 어쩌면 돈 없는 시민구단의 태생적인 한계인지도 모른다.

그 발목에 잡혀 헤어나지 못하는 순간, 시민구단은 그야말로 '시민구단스러운' 팀이 될 수밖에 없다. 그 악순환의 고리부터 철저하게 끊어야 한다. '지원하되 간섭하지 않는다' 는 원칙을 구단의 유전자로 만들어야 한다는 것이다. 선수 선발부터 심지어 프런트 직원 채용, 감독 임용까지 철저하게 구단에 맡겨야 한다. 구단에 지원을 했으니 내가 이 정도는 간섭하고, 이 정도는 부탁할 수 있지 않느냐고 생각하는 순간, 그리고 그 생각이 먹혀들 여지가 보이는 순간, 시민구단의 굴레에서 절대 헤어 나올 수 없다.

그래서 가장 먼저 만든 것이, 그리고 가장 심혈을 기울여 만든 것이 '선수선발위원회' 였다. 선수 영입부터 기용까지 공정성과 투명성을 확보하자는 취지였다. 사장이나 감독은 어쩌면 잠깐 있다가 구단을 떠나는 사람인지도 모른다. 물론
선수들도 돈과 실력에 따라 팀을 옮기지만 사정이 다르다. 사장이나 감독은 바뀌어도 그 팀의 컬러를 만들고, 팀의 레전드가 되고, 그 팀을 상징하게 되는 것은 결국 선수다. 선수가 곧 그 팀이다.

선수선발위원회는 전 · 현직 전력강화팀장 3명, 스카우터 1명, 감독 및 외부 전문가 2명 등 총 6명으로 구성됐다. 6명 전원이 동의하지 않으면 선수를 선발할 수 없도록 제도를 만들었다. 사장인 나도 선수선발위원회에서 빠졌다. 사장이 만약 위원회에 들어간다면 결국 그것은 형식에 불과하다. 누가 사장의 의중을 거부할 수 있겠는가. 다만 자금 사정 등을 고려할 수 없는 만큼 위원회에서 결정한 사항에 대해 거부권만 행사할 수 있도록 했다.

이렇게 위원회를 만들고 위원회에 선수 선발의 전권을 위임하니 외부 압력이나 사장과 감독의 전횡, 일부 프런트들의 보이지 않는 입김이 사라졌다. 선수 한 명을 뽑았는데 문제가 발생하면 한 명의 책임이 아니라 공동책임이 됐다. 그만큼 책임의식

도 높아졌다. 또 그런 시스템을 거쳐 선수를 선발하다 보니 선수들의 팀 적응이 빨랐다. 선수들 간의 응집력도 높아졌다.

회사에서는 직원, 구단에서는 선수가 생명이다. 돈이 많은 곳이라면 돈을 투자해서 유능한 직원, 뛰어난 선수를 데려올 수 있다. 반면 돈이 없는 곳은 최소한의 투자로 최대한의 효과를 올릴 수 있는 방법을 찾을 수밖에 없다.

장담하건대 돈 없는 시민구단도 좋은 경기를 펼칠 수 있다고 믿는다. 그러기 위해서는 우선 소통할 수 있는 분위기와 공정한 선수 선발 시스템을 만들어야 한다. 꼭 위원회의 형태가 아니어도 좋다. 외부 입김이나 내부의 간섭으로부터 자유로운 시스템이면 된다. 그것이 시민구단이 좋은 성적을 올리고, 그래서 팬들로부터 사랑을 받고, 그 힘이 원동력이 되어 투자와 지원을 끌어와 튼튼한 구단이 될 수 있는 첫걸음이다. 아무리 생각해봐도 다른 방법은 없다.

우승일지 11R(5월 24일)

김은중의 골

모든 국민들의 관심이 브라질 월드컵에 쏠려 있었다. K리그 챌린지에 관심을 두는 사람은 많지 않았다. 그래도 경기는 계속되고 대전의 새로운 신화 만들기도 현재 진행형이었다. 이날 대전월드컵경기장에서 열린 대전과 수원 FC의 K리그 챌린지 11라운드에서는 아주 값진 골이 터졌다. 김은중이 대전 복귀 후 첫 골을 터뜨린 것이다. 그가 대전 유니폼을 입고 골 망을 흔든 것은 2003년 8월 20일 안양 LG 전 이후 처음이다. 무려 11년 만에 대전 유니폼을 입고, 그것도 대전에서 골을 터뜨린 것이다. 대전의 맏형 김은중의 골에 팬들은 열광했다. 사실 이 골 장면은 스토리를 좀 아는 아드리아노와 노장임에도 끝까지 골의 흐름을 따라간 김은중의 합작품. 문전으로 쇄도한 아드리아노는 골키퍼까지 제쳤다. 자기가 욕심을 부릴 수도 있는 상황. 하지만 그는 옆에 있던 김은중에게 패스해 골 주인공으로 만들었다. 10경기 연속 무패 행진에는 이처럼 어느덧 하나가 된 선수들의 환상 호흡이 있었다.

그라운드에서 마음껏 이 공을 차고 싶어도 그러지 못하는 선수들이 있다.

2

"눈물 젖은 빵, 다시는 안 먹겠다"

돈이 없어 가난하다고?

여성들이 가장 싫어하는 대화 내용이 군대와 축구 얘기, 최악은 군대에서 축구 한 얘기라는 말이 있다. 그만큼 식상할 정도로 대한민국 남자들에게 군대와 축구는 불가분의 관계에 있다. 나는 축구를 전공하지 않았다. 어려서부터 운동을 좋아했고 스포츠 분야를 공부해 박사학위까지 받았지만 내가 아는 축구는 대한민국 남자들이 아는 축구, 딱 그만큼이라고 해도 과언이 아니다.

대전시티즌 사장을 맡기 전에도 홈경기를 보러 자주 갔다. 대전시티즌은 승리보다 패배에 더 익숙한 팀이었다. 홈 팬들에게 승리하는 모습을 보여주기 위해 달리고 또 달리는 선수들의 투지가 관중석까지 그대로 전달됐지만 안타깝게도 이기는 경기보다 지는 경기가 많았다. 팬의 한 사람으로서 답답했다. 왜 저 정도 밖에 못하지? 왜 시민구단은 늘 가난하고 좋은 선수를 데려오지 못하는 거지? 이런 답답함과 의문은 나 뿐만이 아니라 축구팬이라면, 대전 시민이라면 누구나 한 번쯤은 가져봤을 것이다.

사정이 달라졌다. 팬이라면, 대전 시민의 입장이라면 그렇게 푸념하고 비난하고 손가락질해도 그만이지만 구단 운영을 책임지는 사장은 그런 답답함과 의문에 대답을 해줘야 할 의무가 있는 자리다. 도대체 문제가 뭘까? 직접 들여다보고 해법을 제시하고 최선의 방법으로 그 해법을 실행해야 할 위치다.

그야말로 대전시티즌은 최악의 상황이었다. 성적만 나쁜 것이 아니었다. 그동안 그 정도의 성적을 거둔 것도 놀랄 만한 일이었다. 2부 리그 강등은 어쩌면 예견된 일이었다. 대전시티즌의 자본금 70억 원은 거의 다 잠식된 상황이었다.

오히려 20억 원에 가까운 은행 빚이 남았다. 대전시에서 예산을 받고 지역 기업의 협찬과 스폰서를 합치니 86억 원 정도가 됐다. 빚부터 갚았다. 남은 돈은 67억 원 정도. 이 돈으로 프로스포츠 구단의 1년 살림을 꾸려간다는 것은 사실상 불가능에 가까웠다.

돈을 더 달라고 손만 벌릴 수는 없었다. 일단 살림살이 규모부터 줄여야 했다. 놀라운 사실은 그렇게 없는 살림인데도 구단 식구는 47명으로 평균 40명 정도인 다른 구단보다 훨씬 많았다. 왜 그렇게 (군)식구가 많아졌는지 굳이 얘기하지 않아도 알 만한 사람은 알 것이다.

인원부터 줄였다. 선수들 숫자를 갑자기 줄일 수는 없었다. 17명에 달했던 프런트 직원을 9명까지 줄였다. 연봉 1억 원이 넘는 사무국장은 공석으로 남겨뒀다. 부자 구단이라면 모르겠지만 70억 원도 안되는 돈으로 1년 살림을 꾸려가야 할 프로스포츠 구단에서 고액의 사무국장까지 채용하는 것은 그야말로 '사치'라고 생각했기 때문이다.

더 허리띠를 졸라매야 했다. 각종 소모성 경비를 하나씩 줄였다. 외국인 선수에게 제공되던 아파트와 차를 없앴다. 구단 버스도 1대를 팔고 1대만 운영했다. 경조사비도 20만 원에서 5만 원으로 깎았다. 심지어 이사회 회의비까지 반납하는 형태로 되돌려 받았다. 명절 선물도, 구단 이름으로 보내는 각종 화환이나 축하 화분도 없앴다. 그것은 사장 개인의 얼굴을 알리는 데나 필요한 일이었다.

또 홈경기 때마다 열리는 이벤트나 공연도 최대한 없앴다. 대신 유치원생, 초·중학생들을 초청해 추억이 될 만한 공연 무대를 마련해 줬다. 구단 입장에서는 경비도 줄이고 관중을 늘리는 일석이조의 효과를 거둘 수 있었다. 아이들이 공연하는데 따라오지 않을 부모가 어디 있겠는가.

나도 운전을 직접 하고 다녔다. 원정경기도 예외가 아니었다.

선수들이 스포츠 구단의 생명이고 곧 팀이다.

월급까지 반납하고 1년만 사장직을 수행하겠노라고 약속한 마당에 운전기사가 딸린 차는 언감생심이었다. 꼭 그게 아니더라도 대전시티즌은 부자 구단이 아니다. 다른 사람들에게 아끼고 줄이고 조금 힘들더라도 참자고 말하려면 나부터 솔선수범할 필요가 있었다.

가장 미안한 사람들은 직원들이었다. 내가 사장으로 부임하기 전까지는 2~3명이 나눠서 할 일을 혼자서 해야 했다. 월급은 그대로이거나 사실상 깎였는데도 말이다. 실제로 팀장급에게 주던 직급 보조비를 없애고 유류비도 지원하지 못 했다.그래도 직원들은 묵묵히 따라줬다. 나름 책임감과 사명의식이 있었기 때문에 가능한 일이었다.

자기들은 어느 정도 희생을 감수할 테니 대신 '선수들만 제대로 뽑아 달라' 고 요구했다. 처음에는 그 말의 의미를 잘 이해하지 못했다. 하지만 그 말이 무슨 말인지 이해하는 데는 그리 많은 시간이 필요하지 않았다. 곳곳에서 청탁과 부탁이 들어왔다. 전화기에 대고 협박 아닌 협박을 하는 분도 있었다. 도저히 거절하기 어려운 분들을 통해서도 제안이 왔다. 다른 건 몰라도 그것만큼은 원칙대로 지켜내고 싶었다.

대전시티즌은 시민구단이다. 시민의 손으로 운영되는 구단이라고는 하지만 직간접적으로 지역의 이해관계로부터 자유로울 수 없는 처지다. 그러다 보니 선수 스카우트부터 기용까지 외부의 입김이 많았다. 사장이나 사무국장은 임기를 채우고 가면 그만이다. 있는 동안 쓸 수 있는 돈 마음껏 쓰고, 인심도 얻고, 그러고 돌아가면 끝이다. 그런 악순환이 반복되다 보니 대전시티즌은 자본금까지 잠식하고 빚까지 짊어지게 된 그야말로 초라한 몰골의 구단이 된 것이다.

누군가는 이것을 끊어야 했다. 물론 그것은 쉽지 않았다. 욕도 듣고 협박도 받았지만 이것은 참을 수 있었다. 가장 힘들 때는 그동안 믿고 의지했던 분들이 '그럴 줄 몰랐다'며 등을 돌릴 때였다. 당시에는 야속한 마음도 들었지만 지금은 죄송스러운 마음이 더 크다. 지금은 이해해주리라 믿는다. 욕 들을 각오로 온 자리였다.

대전시티즌은 돈이 없어서 가난해진 게 아니다. 돈이 없는데도 돈을 (불필요하게) 썼기 때문에 가난해진 것이다.

우승일지 12R(5월 31일)

최다 무패기록 경신

이기고 지는 것도 관성이다. 이기는 것에 익숙해지면 자꾸 이기고 싶고, 지는 것에 익숙해지면 자꾸 지게 된다. 2013년 K리그 클래식에서 대전은 지는 것에 익숙한 팀이었다. 그러다 보니 어쩌다 비기면 마치 이긴 것 같은 기분이 든다. 팬들만 그런 게 아니라 선수들도 그렇게 생각한다. 2014년 K리그 챌린지에서 대전은 어느새 이기는 것에 익숙한 팀이 되었다. 비기기만 해도 왠지 진 것 같은 생각이 든다. 고양종합운동장에서 열린 고양 HiFC와의 12라운드 경기가 그랬다. 이날 대전은 상대의 철벽 수비에 막혀 0대 0으로 비겼다. 그동안 막강 화력을 자랑하던 공격수들은 수비를 뚫지 못하고 고전했다. 물론 대전은 개막전 패배 이후 이날까지 무패행진을 11경기(9승2무)로 늘렸다. 2004년, 2007년에 세운 구단 최다 무패 기록 10경기도 새로 갈아치웠다. 승점 29점으로 1위 자리를 고수했다. 그래도 이상하게 진 것 같은 경기였다. 이기는 것에 익숙해지면 그렇다. 따지고 보면 기분 좋은 불쾌감인 셈이다.

선수선발위원회를 구성하고 선수 선발의 투명성과 공정성을 기했다.
이렇게 선발된 선수들은 실력뿐 아니라 팀과의 융합력도 강했다.

지원이 부족해 못 뛴다고?

고등학교 때 농구를 좋아했다. 농구장에서 살았다고 해도 과언이 아니다. 주말이 되면 농구장 시설이 잘돼 있는 곳을 찾아다니는 게 일이었다. 대전에 있는 학교 운동장은 안 가본 곳이 없을 정도였는데, 농구장이 좋은 학교는 생각보다 그리 많지 않았다.

무엇보다 학교별로 차이가 컸다. 어떤 학교는 운동장에 정말 농구 골대만 덩그러니 놓여 있는 곳도 있다. 시멘트가 깔려 있거나 골대 그물이라도 멀쩡하면 그나마 다행이다.

반면 인공바닥부터 골대까지 산뜻하게 조성되어 있는 학교도 있다. 그런 학교를 보면 너무 부러웠다.

시설과 실력이 꼭 정비례하는 것은 아니지만 대체로 시설이 좋은 학교 팀의 실력이 아무래도 상대적으로 좋았다. 명필은 붓을 탓하지 않고, 장인은 도구를 가리지 않는다지만 명필끼리 장인끼리의 대결에서는 분명 붓과 도구가 우열을 가른다는 게 내 생각이다. 스포츠에서는 특히 그렇다.

대전시티즌도 한때 인프라가 열악했던 적이 있다. 한때 선수들의 숙소가 변변치 않아 휴식을 제대로 취할 수 없고, 훈련장소가 마땅치 않아 전전했다는 얘기도 들었다. 하지만 적어도 내가 사장으로 있는 동안만큼은 환경이나 인프라가 열악해 선수들이 제대로 기량을 발휘하지 못한다는 말은 누구도 하지 못했다.

2부 리그에서 우승을 하고 우승 비결을 묻는 질문을 받으면 나는 빼놓지 않고 지자체의 지원을 언급했다. 내가 사장으로 있는 동안 대전시티즌에 관심을 기울여준 지자체 관계자 분들에게 달리 고마움을 표시할 방법이 없었다. 내가 생각하기에 지자체가 지원해줄 수 있는 선에서 최대한 지원을 해줬다. 이 기회를 통해 다시 한 번 진심으로 감사드린다는 인사를 하고 싶다.

대전시티즌은 1단계 사업을 완료하고 2014년 3월 클럽하우스(덕암축구센터)를 개관했다. 그리고 2015년 2단계 사업이 마무리되면서 클럽하우스 조성을 완료했다. 대전시 덕암축구센터는 대덕구 목상동 일원 7만8000여㎡의 부지에 연면적 3800㎡ 규모의 클럽하우스, 천연잔디 축구장 2면, 풋살장 3면, 족구장 1면 등으로 이루어져 있다. 클럽하우스에는 침실과 사우나 시설, 웨이트 트레이닝실, 비디오 분석실, 시청각실, 식당 등 각종 부대시설이 들어서 있다.

시민구단 가운데 이런 클럽하우스를 보유하고 있는 곳은 대전이 유일하다. 대전시티즌이 2부 리그에서 그렇게 좋은 성적으로 우승을 차지할 수 있었던 배경에는 이런 훌륭한 클럽하우

선수들이 마음껏 운동하고 쉴 수 있는 환경을 만들어 주는것, 그것이 바로 최고의 동기부여이고 사기진작이다.

스가 있었던 것도 중요한 요인 중에 하나라고 나는 믿고 있다.

국내 프로축구팀 중에서 가장 좋은 클럽하우스를 보유하고 있는 팀은 전북이다. 2009년 K리그 우승과 함께 착공에 들어가 2013년 완공한 전북클럽하우스는 국내외 유명 클럽하우스들의 장점만을 모아 건설했다고 한다. 건축 디자인 측면에서도 뛰어나 선수단 훈련에 방해가 되지 않는 시간을 이용해 클럽하우스 투어 프로그램까지 진행하고 있다.

차이는 있겠지만 대전클럽하우스는 이에 견주어도 전혀 손색이 없다고 생각한다. 선수들이 운동하고 휴식할 수 있는 최적의 여건을 갖추고 있다. K리그 챌린지에 이어 클래식까지 우승해서 대전클럽하우스가 시민들은 물론 전국 축구팬들의 명소가 되는 날을 그려보기도 했다.

지자체의 전폭적인 지원은 이뿐만이 아니다. 홈구장으로 사용하는 대전월드컵경기장은 10억 원의 예산을 들여 잔디를 새로 조성했고, 관중들의 편의성을 높이기 위해 300석을 테이블석으로 만들었다. 예산이 남아서가 아니라 없는 예산을 쪼개 이렇게 지원해준 것이라는 사실을 잘 알고 있다.

그리고 사장을 그만 두기 전 2015년 예산 작업을 마무리하고 나왔다. 내가 사장으로 부임하던 해 대전시티즌의 1년 예산은 60억 원이었는데 100억 원으로 대폭 늘었다. 2015년 1부 리그에서도 2014년 2부 리그에서처럼 열심히 뛰어달라는 응원과 격려가 담긴 예산이었다. 비록 사장에서는 물러났지만 정말 고맙고 가슴이 뿌듯했다.

이렇게 선수들이 마음껏 운동하고 쉴 수 있는 인프라를 확충한 것과 동시에 시즌 내내 신경 쓴 것은 선수들의 사기였다. 실력이 고만고만한 팀들이 경쟁하는 프로스포츠에서는 선수들의 사기와 분위기가 경기에 적지 않은 영향을 차지한다.

선수들의 동기부여를 위해 더 많은 보너스를 주고 싶었다. 하지만 예산이 부족해 오히려 종전의 승리수당까지 깎아야 하는 상황이었다. 이제 와서 고백하지만 사실 꼼수를 부렸다. 기존의 승리수당 150만 원과 무승부 수당 50만 원 대신 승리수당 100만 원, 연승수당 50만 원을 선수들에게 제시했다.

사실 구단에서 나가는 돈은 큰 차이가 없으면서도 연승을 하면 선수들에게는 더 많은 보너스를 받을 수 있다는 일종의 '착시 현상'을 가져오는 제안이었다.

선수들은 받아들였고 실제로 이 효과 때문인지 연승이 많았다. 선수들에게 동기를 부여하고, 잦은 연승으로 팀의 성적은 좋아지고, 구단의 예산은 크게 부담되지 않는 한 수였다. 다만 선수들에게 흘린 땀방울만큼 더 많은 보너스를 주지 못한 것은 지금도 늘 미안하다.

그리고 또 하나는 회식이다. 보통 외부에서 누가 선수들을 격려해주고 싶다고 회식을 마련해준다. 그런데 선수들은 별로 이런 자리를 좋아하지 않았다. 선수들로부터 가급적 그런 회식자리는 줄여줬으면 좋겠다는 건의도 받았다.

그런 회식은 가급적 만들지 않겠다고 약속했다. 대신 가까운 근교에서 선수들끼리 삼겹살이나 오리고기를 구워먹고 족구나 농구시합을 하는 것으로 회식을 대신했다. 신기하게도 이렇게 회식한 다음 경기에서는 대부분 결과가 좋았다.

선수들이 마음껏 운동하고 쉴 수 있는 환경을 만들어주는 동시에 마음까지 편하게 해주는 것이 최고의 동기부여이자 사기진작이다. 대전시티즌은 2014년 그런 환경을 선수들에게 충분히 제공했다. 지원이 부족해서 제대로 경기를 뛰지 못한다는 말만큼은 최소한 사라졌다고 자신하다. 지금도 그럴 것이라고 믿는다.

경기후에도 우리는 언제나 하나였다.

우승일지 13R(6월 7일)

'풀 스타디움' 수상

자꾸 이기니 좋은 소식도 줄을 이었다. 우선 경기에서의 또 승리. 대전은 부천FC와의 13라운드 경기에서 1-0으로 승리했다. 승점 32점으로 선두 자리를 굳게 지키는 동시에 2위 안양(승점 17점)과의 차이를 더욱 벌렸다. 결승골의 주인공은 서명원이었다. 강원FC와의 3라운드 이후 10경기 만에 터진 서명원의 골이었기에 더욱 반가웠다. 반가운 소식은 이뿐만이 아니었다. 대전이 최다 관중 팀에 수여하는 '풀 스타디움' 수상 구단으로 선정된 것이다. 대전은 1라운드부터 12라운드까지 5차례의 홈경기에서 K리그 챌린지 구단 중 가장 많은 평균 3,445명의 관중을 유치했다. 챌린지 강등에도 팬들이 아낌없는 성원을 보내줬고, 이에 부응하기 위해 화끈한 공격축구로 선두 자리를 지킨 것이 이런 값진 상으로 이어졌다. 또 하나 반가운 소식은 조진호 감독이 5월 K리그 '이 달의 감독'으로 선정된 것이다. 시상식은 13라운드 경기에서 진행됐다. 트로피를 받고 환하게 미소 짓는 조진호 감독의 얼굴에는 자신감이 묻어났다.

"당장의 승격보다 클럽의 100년을"

2014년 K리그 챌린지 우승을 확정하자 여기저기서 인터뷰 요청이 많았다. 처음 대전시티즌 사장에 선임됐을 때도 그랬지만 분위기는 180도 바뀌어 있었다. 무엇보다 언론에서 궁금해 하는 것은 시즌 최악의 성적으로 2부 리그로 강등된 팀이 단 1년 만에 시즌 최고의 성적으로 리그 우승을 차지한 비결이었다. 인터뷰가 아니더라도 많은 분석 기사가 나오기도 했다.

시즌이 끝난 뒤 한 언론과의 인터뷰에서 나는 이렇게 말했다.

"상식의 눈으로 프로스포츠 구단을 보려고 했습니다. 경영학과 행정학을 전공한 사람의 시선으로 봤을 때 상식적으로 이해가 되지 않는 부분이 너무 많았어요. 100억 원을 투자하면 100억 원의 수익은 내지 못하더라도 그에 상응하는 효과를 내야 하는 것이 프로스포츠 구단입니다. 흑자냐 적자냐를 떠나 기형적이라는 판단이 들었습니다."

지금도 이 생각에는 변함이 없다. 시민구단도 기형적인 형태이긴 하지만 프로스포츠 구단이다. 힘들수록 '프로'의 원칙이 적용되어야 하는데, 힘들다고 '시민구단'이라는 방패막이 뒤에 숨으려고 한다. 그러다 보니 악순환이 반복됐다. 거듭 강조하지만 시민구단도 우승을 할 수 있고, 성적을 떠나 충분히 프로 스포츠의 면모를 갖출 수 있다고 나는 믿는다. 지금까지 왜 안됐느냐고? 분명 못 한 것도 있지만 스스로 한계를 규정하고 안 한 게 더 많다는 것이 나의 생각이다.

무엇보다 시민구단이 발전하기 위해서는 시민구단으로서의 가치를 스스로 만들고 입증해야 한다. 시민구단의 가치는 축구를 통해서 시민들에게, 그리고 팬들에게 행복과 희망을 주는 것이다. 그러기 위해서는 경기에서 승리하는 것도 중요하지만 선수들이 시민들과 함께 호흡해야 한다.

선수단과 구단 직원들 전체를 모아놓고 이러한 시민구단의 가치와 중요성을 인식시키는데 주력했다. 그럴 때마다 이 얘기를 꼭 강조했다.

"우리가 받는 연봉, 월급은 다른 기업체가 운영하는 구단과는 질적으로 다릅니다. 시민구단이 운영하는 돈은 시민들이 분식집을 운영하여 라면을 팔고, 치킨 집을 운영하여 치킨을 팔면서

낸 세금입니다. 어떤 것 하나도 허투루 쓰면 안 됩니다."

또 사회 공헌활동의 중요성도 강조하고 실천하기 위해 노력했다. 시민구단은 시민들의 사랑을 받지 않고서는 존재할 수 없다. 경기장에서 열심히 뛰는 모습만 보여주는 것으로는 한계가 있다. 시민들의 사랑을 받기 위해서는 구단과 선수단이 먼저 시민들을 찾아가고, 스킨십을 넓혀야 한다.

그래서 경기가 없을 때 틈만 나면 시민들의 곁으로 가자고 했다. 지역에서 열리는 마라톤 대회, 걷기대회에도 선수들이 단체로 참가해 시민들과 함께 뛰고 걸었다. 조기축구 동호회를 찾아가 함께 공도 차고 사진도 찍었다. 다문화 가정이나 소외계층을 위한 축구 클리닉 교실도 열었다. 선수들이 은행 창구에서 손님들을 안내하고 카페에서 커피 주문을 받는 1일 체험활동도 벌였다.

이처럼 시민구단으로서의 가치를 만들어가는 것과 함께 또 하나 중요한 것은 자생력을 키우는 일이다. 시민들의 세금으로 지원을 받는 것은 한계가 있다. 기업에게 후원금을 받는 것도 마찬가지다. 나도 모교는 물론 지역의 병원, 기업체를 찾아 광고 활동도 벌이고 후원금도 부탁했다. 하지만 이것만으로는 부족하고 한계가 뚜렷하다.

재정적인 자립을 위해서는 결국 마케팅 능력을 높여야 한다. 프런트의 마케팅 전문성을 높이고, 필요하다면 전문가를 직원으로 영입하기도 해야 한다.

부주장으로 그리고 미드필더로 클럽하우스에서 그리고 운동장에서 든든한 허리역할을
해준 고마운 정석민 선수

내가 대전시티즌 사장을 지내면서 가장 아쉬웠던 것도 바로 이 부분이다. 성적은 1년 만에 시민들의 기대에 부응했다. 하지만 한 해 성적이 그렇게 중요한 것은 아니다. 명문구단으로서의 기틀을 만들고, 성적의 부침에 관계없이 항상 사랑받을 수 있는 프로스포츠 구단으로 체질을 바꾸는 일이다. 이 일을 다하지 못하고 나온 것이 가장 아쉽다.

재임 기간 몇 가지 가능성을 타진하기도 했다. 프로야구 넥센 히어로즈의 조태룡 단장을 직접 찾아가 프로야구와 프로축구의 스포츠 융합 마케팅을 모색하기도 했다. 함께 공생할 수 있는 마케팅 모델을 만들고, 수익을 어떻게 내서 분배할 것인지도 논의했다. 머리를 맞대고 다양한 융합 마케팅 아이디어를 도출했지만 내가 그만두면서 모두 없던 일이 되었다.

프로축구 2부 리그 신생팀인 서울 이랜드의 박상균 대표이사도 만났다. 2부 리그에서 최상의 성적으로 우승을 차지한 대전시티즌은 선수단과 구단의 운용 노하우를, 서울 이랜드는 모기업이 갖고 있는 마케팅 노하우를 전수해 주기로 했다. 양 팀 프런트들이 공동 워크숍을 갖고 친선 축구 경기도 가졌다. 이 역시 제대로 시작도 해보지 못하고 중단됐다.

2014년 시즌 중에 대전 팬들은 '당장의 승격보다 클럽의 100년을' 이라는 문구가 적힌 플래카드를 경기장에 내걸었다. 시민과 팬들이 무엇을 간절히 원하는지 알 수 있는 슬로건이었다.

짧은 기간이지만 2부 리그 우승과 승격이라는 목표는 달성했다. 누군가 시민구단의 길을 묻는다면 성적은 '2014년 대전 시티즌을 보라' 라고 자신 있게 말할 수 있다. 하지만 '클럽의 100년' 을 약속할 수 있는 기틀을 마련하지는 못 했다. 솔직히 시간이 부족했다. 1부 승격이라는 목표 달성은 자랑스럽지만 그 부분에서는 대전 시민과 팬들에게 죄송스럽고 개인적으로도 매우 안타깝다.

다만 그 가능성은 발견했다. 나는 지금도 1부 리그 우승은 물론 '클럽의 100년' 도 충분히 가능하다고 믿는다. 시민구단으로서의 가치를 찾고, 자생할 수 있는 마케팅 능력을 갖추는 것이 그 첫걸음이다.

우승일지 14R(6월 16일)

야심찬 포부

"최소 경기 우승 확정 기록으로 1부 리그 승격 이끌겠습니다." 처음으로 언론과의 인터뷰에서 이 얘기를 했다. 너무 성급한 것 아니냐고 주변에서 말하기도 했지만 오히려 늦은 감이 있었다. 대전은 충주와의 14라운드 경기에서 아드리아노의 환상적인 결승골을 앞세워 1대0의 승리를 거뒀다. 윤원일의 공백을 송주한과 이인식이 잘 메워줬다. 13경기 연속 무패 행진. 최소 경기로 우승을 확정하겠다는 야심찬 포부를 드러낼 수 있었던 이유는 결과보다 내용 때문이다. 부동의 1위 자리를 지키는데 그치지 않고 '압도적 1위'를 고수하고 있었다. 우선 승점 35점으로 22점에 그친 2위 대구보다 무려 13점이 앞섰다. 7번 치러진 홈경기에서 6승 1무로 단 한 번도 패하지 않았다. 또 득점 29점, 실점 9점으로 골 득실에서도 +20을 기록 중이었다. 리그에서 가장 많은 득점과 가장 적은 실점으로 '창과 방패' 모두 합격점을 받은 것이다. '최소 경기 우승 확정'과 '1부 리그 복귀'라는 포부를 꺼내들기에 충분했다.

벅찬 감동으로 하나된 선수들, 그들앞에 두려움은 없다.

누가 시민구단의 미래를 묻는다면

2014년 가장 행복했던 순간은 선수들이 잘 해서 경기에서 이길 때였다. 가장 불행했던 순간은 선수들이 제 실력을 발휘하지 못하고 경기에서 패했을 때였다.

선수들이 잘 해준 덕분에 행복했던 순간이 많았다. 3~4연승을 거두면 한 달 내내 행복했다. 아무리 좋은 일이 있어도 대전시티즌이 패하면 즐겁지 않았고, 아무리 안 좋은 일이 생겨도 선수들이 이기면 마냥 즐거웠다. 정말 축구에 살고 축구에 죽었다.

그런데 이에 못지않게 행복할 때가 있었다. 바로 유소년 선수들의 잇단 승전보였다. 대전시티즌 U-10세는 2014년 한 해에만 무려 5관왕을 차지했다. 1월 경주컵 유소년 축구연맹전 우승을 시작으로 보은 동계 스프링 캠프, 충주시장배, 춘천 금강배,

고성 공룡컵 및 리틀 K리그 글로벌까지 5개 대회에서 우승을 차지하며 무려 5관왕을 석권하는 위업을 과시했다.

형들인 U-15, U-18세 선수들도 전국 대회에서 잇단 승전보를 전했다. 유소년팀 선수들의 기운은 그대로 맏형들에게도 전달됐다. 이런 기운을 받아 대전시티즌은 시즌 내내 정상의 자리를 내놓지 않았고, 거꾸로 이런 맏형들의 성적은 유소년 선수들에게 자극제가 됐다고 믿는다.

2014년 아시아축구연맹(AFC) U-16 챔피언십에서 최우수선수와 득점왕을 동시에 거머쥔 이승우와 지금 대한민국 축구대표팀을 이끌고 있는 울리 슈틸리케 감독의 공통점은 '유소년 축구'다. 잘 알려진 것처럼 이승우는 '라 마시아'로 불리는 FC바르셀로나 유소년 시스템이 만들어낸 성공작이다. 슈틸리케 감독은 독일 유소년 정책의 중심에 섰던 인물이다.

한국 프로축구의 미래는 유소년에 달렸다.

나는 여기서 한 발 더 나아가 대전시티즌의 운명은 유소년에 달렸다고 믿는다.

돈이 상대적으로 넉넉한 대기업 구단은 잘 하는 선수를 사 오면 된다. 허리띠를 졸라매야 하는 시민구단으로서는 부러운 눈으로 바라볼 수밖에 없다. 돈이 없다 보니 잘 하는 선수, 유명한 선수를 데려올 수 없다.

나는 자생력을 키워야 한다고 봤다. 선수들을 자체적으로 키우는 것 외에는 다른 방법이 보이지 않았다. 어렸을 때부터 대전시티즌이 지원하고 육성한 선수가 대전시티즌으로 와서 마음껏 기량을 발휘해 좋은 성적을 올리고, 더 많은 몸 값을 받고 다른 팀으로 영입되고 국가대표까지 선발되는 시스템. 그것은 곧 시민구단의 존속과 직결된다.

이 시스템이 마련되어 있지 않으면 1~2년 반짝 좋은 성적은 올릴 수 있어도 시민들과 팬들이 염원하는 '100년 클럽' 은 공염불에 불과하다. 그래서 유소년팀 지원과 육성에 가장 많은 공을 들였다. 이것은 미래를 위한 투자다. 내가 사장으로 있는 동안, 혹은 누가 감독으로 있는 동안 당장 효과를 거둘 수 없다. 최소한 5년 후, 10년 후를 내다봐야 한다.

우승 축포를 쏘아올리고 1부 리그 승격을 확정한 대전시티즌은 시민구단의 모범사례가 된다.

다행히 대전시티즌도 이런 유소년 선수 육성의 중요성을 알고 오래전부터 투자를 해왔다. 나는 유소년 선수 육성을 더욱 공격적으로 할 수 있는 정책과 시스템을 도입하는데 주력했다. '대전시티즌 유소년 비전 선포식(AIM HIGH 2020)'은 이런 의지의 결과다.

이러한 미래 비전이 단순히 선포식으로 끝나지 않기 위해 내가 임기 동안 할 수 있는 일부터 차근차근 밟아 나갔다. 학부모와의 간담회를 통해 대전시티즌의 비전을 공유했다.

비록 대전시티즌 소속은 아니었지만 유소년 선수들을 미래의 대전시티즌 선수라고 생각하고 그들을 자주 만났다.

한 번은 이런 일이 있었다. U-18 유소년 선수들 9명이 훈련에 불참하고 팀을 이탈했다. 분위기가 험악했다. '인성'이 덜 된 선수들이니 모두 정리해야 한다는 강경한 목소리가 많았다. 하지만 나는 그렇게 생각하지 않았다.

한창 놀고 싶고, 묶여 있는 게 싫고, 방황할 나이였다. 1주일에 한 번씩 이들과 상담을 하고 2개월 동안 정서교육, 사회봉사 활동을 시켰다. 선수들은 다시 원래의 자리로 돌아왔고 학부모들은 감사의 인사를 보내왔다.

그리고 임기 동안 전 선수 일본 해외 전지훈련을 반드시 보내주겠다고 약속했고, 이 약속을 지켰다. 대전시티즌 선수들도 구단 사정 때문에 동계훈련을 모두 국내에서 소화했지만 유소년 선수들에게는 더 좋은 환경에서 훈련할 수 있게 해주고 싶었다. 동계훈련에서 어린 선수들의 부상은 자칫 선수 생명에 큰 걸림돌이 될 수 있다. 무엇보다 따뜻하고 좋은 환경에서 축구를 즐기는 것이 중요하다고 생각했다.

그렇게 해서 2015년 1월 보름간의 일정으로 일본 후쿠오카 전지훈련에는 U-12, U-15, U-18 소속 130명의 선수단이 일본 후쿠오카로 전지훈련을 떠났다. 유소년 팀의 동계 훈련 캠프가 차려진 후쿠오카 아레나는 AC밀란 등 세계적인 명문 클럽도 즐겨 찾는 곳이다.

대전시티즌의 유소년 육성은 이제 조금씩 가시적인 성과가 나오고 있다. 황인범을 비롯해 남윤재, 박영수 등이 고등학교를 졸업하고 대전시티즌에 입단했다.

대전시티즌과 러시아 클럽팀이 대전에서 친선경기를 가질 기회가 있었다. 황인범은 그때 신발로 뛰었나. 수반 명의 관중이 함성을 지르고 힘 좋은 유럽 클럽팀 선수들과 직접 경기를 뛴 것은 그의 선수 생활에서 가장 값진 경험이었을 것이다. U-19 국가대표로 발탁된 이후 황인범은 "그때 자신감을 얻었다."라고 말했다.

이런 선수들이 많이 나와야 한다고 생각한다. 어릴 때부터 대전시티즌 선수들이 뛰는 잔디밭에서 축구공을 갖고 뛰어놀고, 대전시티즌의 가치와 비전을 공유한 이런 선수들이 프로축구에 와서 마음껏 자기의 실력을 발휘하는 것. 이러한 '선순환 구조'에 대전시티즌의 미래가 달려있다는 믿음은 지금도 변함이 없다.

동생들이 이기고 형들이 이기고, 대전시티즌은 2014년 2부 리그 우승 뿐 아니라 프로축구와 유소년팀의 튼튼한 '선순환 고리'를 축구계에 선보였다. 그래서 누군가가 대전시티즌의 미래를 묻는다면, '유소년 선수들을 보라'고 말하고 싶다.

우승일지 15R(6월 21일)

전 구단 상대 승리

"도대체 언제 지는 거냐?" 사람들의 질문이 바뀌었다. 그만큼 대전은 패배의 기억을 지워버렸다. 대구 원정경기로 치러진 대구FC와의 15라운드에서 3-2로 상대를 제압했다. 대전은 이날 승리로 K리그 챌린지 팀을 상대로 전승을 거뒀다. 무패 행진을 14경기 연속으로 늘렸고 승점 38점으로 선두를 질주했다. 무엇보다 선수들의 멋진 경기력이 빛났다. 선제 골은 대구가 먼저 넣었지만 대전은 곧바로 동점골을 만들었고 또 한 골을 내줬지만 아드리아노가 전반 인저리타임에 골을 기록했다. 아드리아노는 이 골로 시즌 15호 골을 기록하며 챌린지 득점 선두를 달렸다. 2-2 무승부로 끝날 수도 있겠다는 우려가 그라운드에 드리울 때쯤 김종국이 결승골을 터뜨렸다. 3-2 멋진 역전승이었다. 대전은 계속 이기거나 비겼지만 최근 몇 경기 동안 골 가뭄을 겪어야 했다. 12라운드 0-0에 이어 13, 14라운드 모두 1-0으로 어렵게 이겼다. 오랜만에 골 가뭄도 해결하고 공격 본능을 유감없이 발휘한 멋진 경기였다.

열두번째 선수인 팬들의 응원은 움츠린 어깨도 펴게 하고, 지친 발걸음도 날아가게 한다.

아파도 힘들어도…
시민구단 이래야 산다

좋은 기사도 있고 나쁜 기사도 있었다. 그런데 시즌이 지나면서 대전시티즌에 쏟아졌던 질타는 어느새 칭찬으로 바뀌어 있었다. 대전시티즌에서 시민구단, 나아가 한국 프로축구의 미래를 찾을 수 있다는 여론이 높아졌다. 욕심 같아서는 당시에 실렸던 기사 전부를 이 책에 싣고 싶었지만 지면의 한계 때문에 두 편만 옮긴다. 내 자랑을 하고 싶어서가 아니다. 그때 대전시티즌은 이런 팀이었다는 것을 다시 한 번 보여주고 싶을 뿐이다.

2014. 12. 12. 한국일보.

K리그 시·도민구단들이 신음하고 있다. 가장 큰 돈줄인 지자체들의 살림은 팍팍해지고 지자체장을 바라보며 축구단을 지원했던 기업들도 얼어붙은 경기 속 지갑을 닫고 있다. 자생력을 갖추지 못한 시·도민구단들은 기본적인 구단 운영에 들어가는 최소한의 비용마저도 스스로 확보하지 못한 채 경영난에 허덕이고 있다. 이런 상황에서 당연직 구단주로 이름을 올린 정치인들은 해체를 거론하며 시·도민구단 운영에 대한 거북함을 대놓고 드러낸다. 구단들도 지금까지 위기의식을 느끼지 못 했던 건 아니다. K리그 인기가 곤두박질치기 시작하던 몇 년 전부터 위기의식을 느낀 구단들은 선수단과 사무국 규모를 축소하고 지출을 줄이는 등 자구책을 마련하고 있지만 적자 폭을 줄이기란 쉽지 않다. 하지만 올해 이처럼 절망적인 상황 속에서 희망을 본 두 팀이 있다. 이번 시즌 K리그 챌린지(2부 리그) 우승과 구단 운영의 투명성 확보라는 두 마리 토끼를 잡은 대전시티즌과 과감한 제살 도려내기로 재무건전성을 확보한 강원FC다.

'KBS 스포츠9' 에서 대전시티즌의 K-리그 시민구단 방향을 제시하였다.

◇힘들어도…허리띠 조이고 더 뛰어야

대전시티즌은 한때 K리그의 암 덩어리 취급을 받았다. 지난 2011년 수면 위로 떠오른 승부조작 사건에 다수의 대전 소속 선수들이 연루돼 팀 이미지에 직격탄을 맞았다. 그때부터 팀의 인기와 성적은 곤두박질 쳤고, 급기야 지난해 K리그 클래식(1부 리그) 최하위를 기록하며 K리그 린지(2부 리그) 강등의 쓴맛을 봤다.

당시 구단주였던 염홍철(70) 대전광역시장은 강등 이후 파격적인 사장 인사를 단행했다. 자신의 선거 캠프 출신인 38세의 김세환 대표이사에게 구단의 회생을 맡겼다.

그의 등장에 축구계에서는 '심해도 너무 심한 낙하산' 이라는 비난이 일었다. 하지만 김 사장은 아랑곳 않았다. 자신에게 주어진 과제가 무엇인지 명확히 파악한 그는 곧장 팀 리빌딩에 착수했다.

우선 팀에 주어진 86억 원의 예산 중 19억 원을 전임자로부터 물려받은 채무를 갚는 데 썼다. 나머지 67억 원으로 한해 살림을 꾸려나가야 했기에 허리띠를 꽉 조일 수밖에 없었다. 우선 47명 규모의 선수단을 33명으로 줄였다.

선수단은 비교적 연봉이 높지 않은 20대 초중반 선수들 위주로 꾸렸다. 그 대신 선수들은 더 많은 출전 기회를 얻었고, 남들보다 한 발씩 더 뛰며 그 기회를 살린 임창우(22 · 아시안게임 대표), 서명원(19 · U-19 대표), 송주한(21 · 올림픽 대표)은 태극마크를 달며 자신의 가치를 높였다.

김은중(34) 영입 역시 신의 한 수였다. '레전드' 의 귀환에 팀 정체성은 물론 '스토리' 란 무형의 가치도 얻었고, 젊은 선수들에겐 훌륭한 역할 모델이 됐다.

◇아파도…썩은 살은 도려내야

강원FC는 올해 초만 해도 해체설이 나돌던 팀이다. 2부리그 강등과 극심한 재정 악화로 위태로운 나날이 계속됐다. 이 와중에 지난 3월 전 현직 직원의 횡령 및 배임 의혹마저 불거지며 곪을 대로 곪았던 고름이 터져 나오기 시작했다.

임 사장은 발 빠르게 강원도에 자신을 포함한 모든 직원에 대한 특별감사를 요청했다. 지난 6월 27일 발표된 감사결과에서 전·현직 직원의 유흥·퇴폐업소에서의 법인카드 사용(8,100만 원), 사용처가 불분명한 상품권 구매(5,800만 원), 화환 구매 리베이트 횡령(2,200만 원) 등 비위 사항들이 사실로 확인됐다. 고름을 짜낸 임 사장은 재발방지를 위해 살을 도려내겠다는 심경으로 4건을 검찰에 고발, 현재 조사 중에 있다.

선수단 구조조정도 단행했다. 대전과 마찬가지로 선수단 대부분을 연봉이 낮은 25세 이하로 꾸렸고, 인원 역시 46명에서 29명으로 17명을 줄였다. 지난해 36억 6,000만 원이던 선수단 총 연봉은 올해 14억 1,000만 원으로 줄였다. 이 같은 노력으로 지난해 말 기준 80억 원이 넘던 부채를 올해 10월까지 64억 원으로 줄였다.

◇더뎌도…멀리 바라보고 걸어야

올해 시 · 도민구단 운영의 대표적 성공사례로 꼽히는 두 팀이지만 공교롭게도 두 팀의 사장 역시 정치적 외풍에서 자유롭지 못한 상태다. 장기적 구상을 묻자 김세환 사장은 '당장 어찌 될지 모르는 입장' 이라는 전제를, 임은주 사장 역시 '언제까지 이 일을 할 수 있을지 모른다' 는 전제를 깔았다.

이처럼 자신의 운명마저 멀리 내다보지 못하는 상황임에도 두 사장은 '시 · 도민구단은 당장의 성적이 최우선 목표가 돼선 안 된다' 고 입을 모았다. 김 사장은 '시 · 도민구단들에게 주어진 시간은 그리 많지 않다' 고 강조하면서 '대전의 경우 내년에는 1부 리그 12개 구단 중 성적 1위가 아닌 효율성과 투명성에서 1위를 하는 것을 우선적인 목표로 삼았다' 고 말했다.

김 사장은 이어 축구라는 콘텐츠 가치에 대한 냉철한 재평가가 필요하다고 주장했다. 그는 '축구인들은 축구가 굉장히 좋은 콘텐츠라고 생각하지만 광고 시장이나 기업에서 바라보는 축구는 그리 매력적이지 않다' 면서 '다른 종목의 프로구단의 성공 사례까지도 받아들이고 협력할 부분이 있다면 긴밀하게 협력하는 것도 하나의 방법' 이라고 짚었다.

우승일지 16R(6월 29일)

개막전 이후 첫 패배

안산 경찰청과의 16라운드 경기는 안산에서 펼쳐졌다. 세월호 참사로 인해 3개월 만에 열리는 안산 경기였다. 분위기가 이상했다. 그동안의 경기력만 놓고 보면 분명 대전이 우위에 있었지만 왠지 힘든 경기가 될 것 같은 예감이 들었다. 경기가 시작되자 이런 예감은 현실이 되었다. 스코어 1-6 대패. 개막전 이후 처음 맛보는 쓰디쓴 패배였다. 연속 무패 행진도 15경기에서 제동이 걸렸다. 3개월 만에 안방에서 경기를 치르는 안산의 선수들은 눈빛부터 달랐다. 무엇보다 세월호 참사로 인해 슬픔에 빠진 안산시민들에게 작은 위로의 선물을 안겨주고 싶은 열망이 눈빛에서 묻어났다. 그런 선수들을 이길 수는 없었다. 경기장 광고판 한쪽에는 '미안합니다. 잊지 않겠습니다', '세월호 희생자의 명복을 빕니다' 라는 문구가 적혀 있었다. 양 팀의 서포터스들은 경기 내내 서포팅을 하지 않았다. 7골이나 터졌지만 선수들도 세리머니를 하지 않았다. 6실점 패배보다 더 큰 무거움이 가슴을 짓누른 경기였다.

전국민의 마음을 아프게 했던 세월호 침몰,
그들의 무사 생환이 경기보다 앞선 마음이었다.

대전의 위기의
시민구단에게 고합니다.

2014. 11. 10. 네이버 스포츠 뉴스.

※원래 기사는 이보다 훨씬 길었다.

한때 K리그에게 시민구단은 희망과 가능성의 이름이었다. 모기업이라는 테두리 안에 있어야 하는 기업구단의 한계를 깰 수 있을 거라 믿었다. 하지만 시민구단 시대가 열린 지 10년 만에 K리그에서 그들은 골칫덩어리, 밑 빠진 독으로 전락했다. 매년 적자만 누적되고 있다. 시민들의 팀이라는 명목으로 매년 시 재정에 매달려 근근이 존속해 가는 현실이다.

과연 시민구단은 K리그의 오점으로 전락할 것인가. 2014년 한 구단이 시민구단의 존재가치와 가능성을 증명했다. 대전시티즌이다. 시티즌이라는 팀명에서도 알 수 있듯이 '시민의 구단' 이라는 콘셉트로 단일 기업이 아닌 대전, 충남 지역 기업들의 컨소시엄 형태로 1997년 창단한 대전은 2006년 시민주 공모를 통한 시민구단으로 완전히 전환했다. 지난 시즌 K리그 클래식에서 챌린지로 강등 당한 대전은 1년 만에 2부 리그 챔피언이 되며 1부 리그 승격에 성공했다. 2001년 FA컵 우승 이후 13년 만에 온 트로피였다.

대전시티즌을 진정으로 사랑하신분들과 함께

–시민구단이란 무엇인지 제대로 정의하고 있습니까?

"저는 축구를 전공하지 않았습니다. 이곳에 왔을 때도 솔직히 축구에 대해 잘 몰랐습니다. 그 부분은 구단 내의 많은 전문가들, 그리고 조진호 감독님에게 맡겼습니다. 대신 저는 상식의 시선으로 구단이라는 조직, 기업체를 보고 평가해야 했습니다. 경영학과 행정학을 전공한 사람의 시선으로 봤을 때 상식적으로 이해가 가지 않는 상황과 결정이 너무 많았습니다. 투자를 하면 이익이 있어야 하는데, 그런 게 전혀 없었습니다. 100원의 투자를 하면 100원의 수익은 내지 못해도 그에 상응하는 효과를 내야 하는 것이 프로스포츠 팀입니다. 기형적인 모습들을 보면서 문제의식을 가졌습니다. 흑자냐, 적자냐를 떠나 조직으로서 제대로 돌아가지 않고 있다는 판단이 들었습니다. 제일 중요한 건 대전시티즌은 누구도 부정할 수 없는 시민의 구단이라는 것입니다. 그 가치의 중요성을 이 조직의 모든 구성원들이 인정하고 제대로 알게 해야 한다는데 최우선점을 뒀습니다. 시민구단의 가치는 축구를 통해서 시민들에게 즐거움, 행복, 희망을 주는 것입니다. 그래서 누구도 시민 위에 있을 수 없고 누구도 시민의 뜻을 거스를 수 없습니다. 시민들이 원하는 대로, 느끼는 대로 우리 축구단은 보조를 맞춰가야 합니다. 그런 공동의 목표를 같이 실현하는데 동의하는 분위기를 만들고 그것들을 따라오게 만드는 게 제일 중요한 주안점이었습니다."

—상식과 분수에 맞는 살림살이를 하고 있습니까?

"처음 대전시티즌을 맡았을 때 자본금 70억 원이 다 잠식된 상황이었고 은행 채무가 19억 원이 있었습니다. 은행 채무는 다 해결했습니다. 시에서 받은 예산이 41억 원입니다. 그리고 스폰서와 지역 기업들로부터 자체적으로 조달한 것이 45억 원 정도입니다. 86억 원의 예산에서 19억 원의 채무를 갚고 나면 실제로 67억 원으로 구단을 운영했습니다.

그 돈으로도 충분히 할 수 있습니다. 내년에 클래식에 올라가면 지금보다 더 늘릴 것입니다. 시에서 신경 써주고 구단이 더 노력해 조달할 것입니다. 아마 90억 원 정도로 생각하고 있습니다. 그걸로 클래식에 가서 경쟁하기 위해서는 선수단 규모는 줄이되 질은 높여야 하겠죠.

아직도 불필요하게 새 나가는 돈이 있다면 찾아서 막아야겠죠. 그것이 효율입니다.

최소한 프로스포츠의 대표이사와 감독은 '돈이 없다, 선수가 없다' 는 말은 하면 안 됩니다. 그러려면 아예 팀을 맡으면 안 됩니다. 그것을 헤쳐 나가라고 대표이사가 있고, 감독이 있는 것입니다.

그걸 뻔히 알고 맡았으면서 자꾸 환경 탓, 재정 탓, 선수 탓하면 누가 인정을 할까요? 현실적 여건을 인정하고 그 안에서 답을 찾아야 합니다. 거품이 아니라 본질을 봐야 합니다."

–정치를 하고 있지 않습니까? 사욕이 팀을 망치고 있진 않습니까?

"축구의 전술, 전략, 훈련 방법은 모두 조진호 감독님에게 권한을 위임했습니다. 저 역시 대한민국 남자인지라 어설프게 축구를 알고 있으니까 시즌 중에 끼어들고 싶을 때도 있었습니다. 프런트나 지역 사회의 축구 박사들이 얘기를 하면 감독님에게 얘기해주고 싶은데 그걸 참아내는 게 어렵더군요. 그런데 지금 돌아보면 말을 섞지 않고 끝까지 기술적인 부분에 관한 한 감독님을 믿고 간 게 성공으로 이어진 것 같습니다. 비판도 많이 받았습니다. '너무 많은 권한을 감독에게 줬다' 고 뒤에서 욕도 하고, '사장이 하는 게 무어냐, 왜 지적을 하지 않느냐' 는 오해도 많이 샀지만 전 그 원칙이 맞다고 생각했습니다. 주변의 비난에 대해 해명하는게 시간 낭비라고 생각했습니다. 뚝심 있게 걸어가야 했고 그에 대해 손가락질 받아도 내 뒤의 프런트, 코칭스태프가 마음 편하게 일 할 수 있다면 저 혼자 욕먹는 게 맞는 일이라고 생각했습니다. 지금도 후회는 없습니다."

–팀의 문화와 역사를 만들어 가고 있습니까?

"시민구단은 외형보다는 내실을 강조해야 합니다. 프로 스포츠에서 홍보마케팅은 굉장히 중요합니다. 그런데 그걸 하려면 구단은 스토리와 콘셉트, 역사가 있어야 합니다. 그게 없이 기능만 강화하면 작은 걸 계속 부풀립니다. 관중 수 같은 것이겠죠. 가진 능력을 뻥튀기 해서 만들어냅니다. 그것은 지양해야 합니다. 김은중을 복귀시켜 예우를 해주는 전통으로 대전만의 스토리를 만드는데 주안점을 두면 자연스럽게 관중들은 경기장을 찾게 됩니다. 할 수 있는 작은 일부터 해야 합니다." 시즌이 시작되기 전 선수들을 만나 얘기했습니다. '지금 여러분은 인생에 오는 중요한 기회 한 번을 잡은 것이다. 비록 2부 리그지만 우리는 우승에 도전할 수 있는 가능성이 있는 팀이다. 이곳에서 여러분의 인생을 바꿔라' 고 했습니다. 처음 대전에 왔을 때 프로스포츠는 체육과 경영이 혼합된 형태인 줄 알아서 할 수 있다는 자신감이 넘쳤는데 막상 해보니 정말 어렵습니다. 정치가 종합예술이라고 하는데 프로스포츠도 그에 못지 않습니다. 모든 게 함축돼 있습니다. 정치, 경제, 행정, 언론, 공공기관, 팬, 지지자, 안티까지. 정말 광범위한 종합예술입니다. 어떤 분도 여기 와서 쉽게 생각하면 안 됩니다. 그래서 더 긴장해야 하고, 자신을 낮춰가며 작은 일부터 해 나가야 합니다. 밖에서 보는 것만으로 얕보고 순진하게 생각하면 큰 난관에 부딪칩니다. 다만 열심히 하면 결과가 나오기 때문에 그 보람이 정말 큰 곳입니다. 시민구단도 얼마든지 희망이 될 수 있습니다. 많은 분들이 부디 그걸 증명해 주셨으면 합니다."

그라운드에 오르면 어느새 나도 선수가 되어 골문을 향해 힘껏 달리고 싶다.
나도 대전시트즌의 열두번째 선수다.

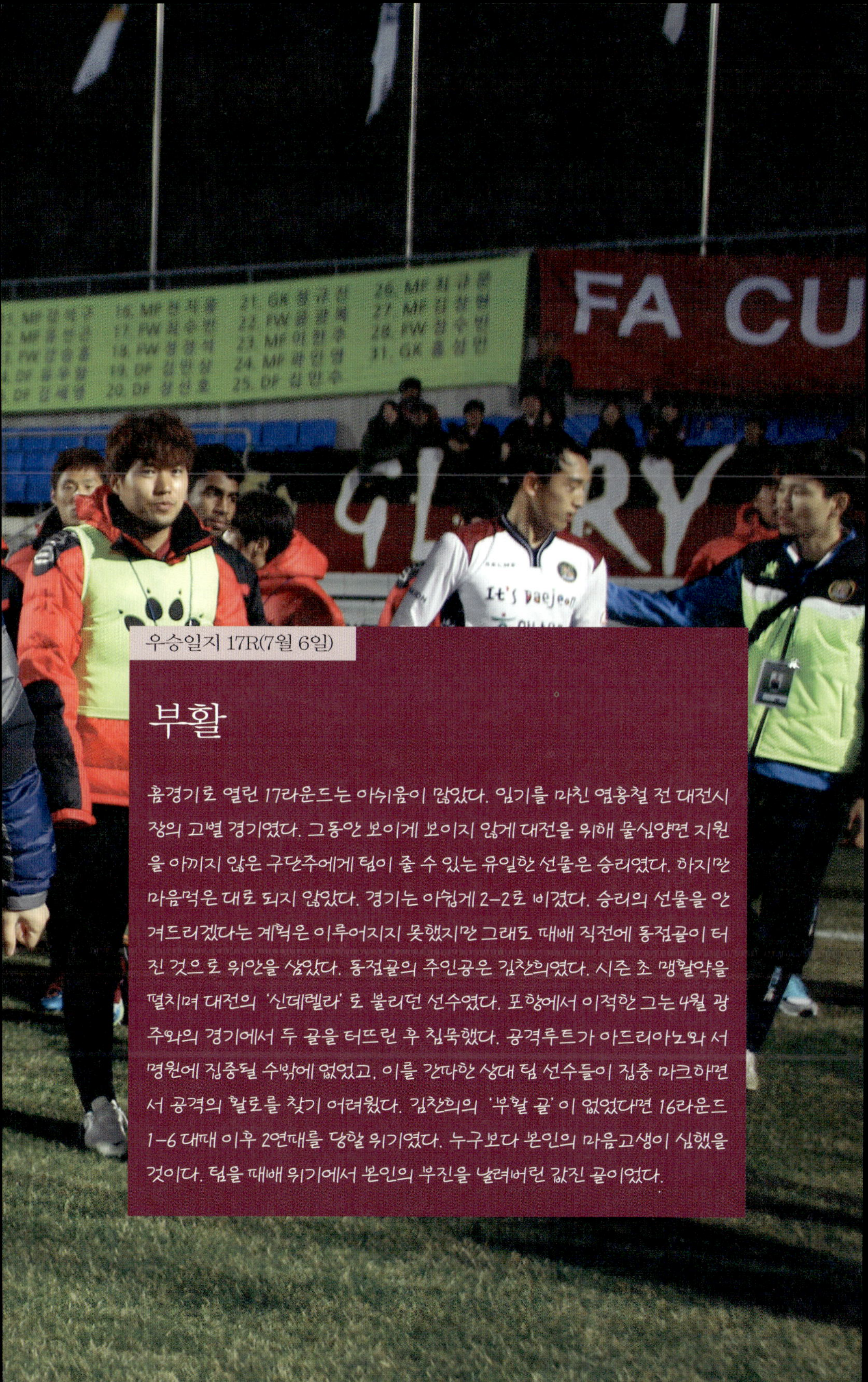

우승일지 17R(7월 6일)

부활

홈경기로 열린 17라운드는 아쉬움이 많았다. 임기를 마친 염홍철 전 대전시장의 고별 경기였다. 그동안 보이게 보이지 않게 대전을 위해 물심양면 지원을 아끼지 않은 구단주에게 팀이 줄 수 있는 유일한 선물은 승리였다. 하지만 마음먹은 대로 되지 않았다. 경기는 아쉽게 2-2로 비겼다. 승리의 선물을 안겨드리겠다는 계획은 이루어지지 못했지만 그래도 패배 직전에 동점골이 터진 것으로 위안을 삼았다. 동점골의 주인공은 김찬희였다. 시즌 초 맹활약을 떨치며 대전의 '신데렐라'로 불리던 선수였다. 포항에서 이적한 그는 4월 광주와의 경기에서 두 골을 터뜨린 후 침묵했다. 공격루트가 아드리아노와 서명원에 집중될 수밖에 없었고, 이를 간파한 상대 팀 선수들이 집중 마크하면서 공격의 활로를 찾기 어려웠다. 김찬희의 '부활 골'이 없었다면 16라운드 1-6 대패 이후 2연패를 당할 위기였다. 누구보다 본인의 마음고생이 심했을 것이다. 팀을 패배 위기에서 본인의 부진을 날려버린 값진 골이었다.

3

2부 리그는 있어도 2부 인생은 없다

미운 오리에서 백조로

"야구에서 파울볼은 다시 할 수 있는 기회다. 아직 아웃도 아니고 다른 어떤 것도 아닌 상태다. 우리 인생이 그런 것 아닌가. 좌절하지 않고 다음 기회를 잡는 것. 세상을 살아가면서 실수와 실패를 만나더라도, 어렵고 극한 상황에 처하더라도 그것을 '파울볼' 로 받아들이면 좋겠다.

"한순간도 포기하지 않으면 끝내 이긴다는 것. 내가 증명할 수 있는 건 그것 뿐이다."

'야신' 김성근 감독의 말이다. 지금도 늘 마음에 새겨놓고 힘들 때마다 이 말을 떠올린다. 비록 종목은 다르지만 대전시티즌에게 가장 어울리는 표현인 것 같다.

2부 리그 강등은 야구로 치면 파울볼을 친 것이다. 모든 게 끝난 것처럼 보였지만 아직 아웃도 아니고 다른 어떤 것도 아닌 상태. 선수들은 좌절하지 않았다. 한순간도 포기 않았다. 2부 리그 강등을 재도약의 기회로 삼고 한마음으로 똘똘 뭉쳐 최고의 성적으로 우승을 차지했다. '한순간도 포기하지 않으면 끝내 이긴다는 것'을 입증한 것이다.

프로스포츠에서 승리와 패배, 혹은 성공과 실패는 동전의 양면이다. 우승 팀의 화려한 축포 뒤에는 꼴찌팀의 쓸쓸한 그림자가 숨어 있다. 실제 프로농구에서는 대구 동양이 1998~1999 시즌 '32연패'라는 수모를 겪었다. 홈경기에서 98일 만에 승리하자 선수와 팬들은 우승이라도 차지한 것처럼 감격의 눈물을 흘렸다. 소설 〈삼미 슈퍼스타즈의 마지막 팬클럽〉에 이어 동명의 영화까지 나온 프로야구 삼미 슈퍼스타즈는 1985년 무려 18연패를 당했다. 대전시티즌이 겪은 2부 리그 강등의 아픔은 프로스포츠 세계에서 일상다반사다.

2013년 말 대전시티즌 사장으로 부임하며 단 하나의 목표를 가슴에 새겼다. 그것은 당연히 우승과 1부 리그 승격이었다. 동시에 성적 부진으로 등을 돌린 팬들의 마음과 여론을 다시 돌아오게 만드는 것. 쉽지 않을 것이라고 생각했지만 변화의 조짐은 의외로 빨리 감지됐다.

시즌 초반부터 돌풍을 일으키자 대전시티즌과 나를 괴롭혔던 비난 여론은 서서히 자취를 감췄다. 시즌 중반이 넘어서자 여기

드디어 대전시티즌 우승!! 날아오르자, 더 높이… 마음은 이미 하늘에 닿았다.

저기서 칭찬의 목소리들이 들리기 시작했다.

K리그 챌린지 우승과 함께 1부 리그 승격이 확정되자 어느새 대전시티즌은 시민구단의 성공사례, 모범사례가 되었다. 여기저기서 '대전시티즌을 배워라'는 얘기들이 나오기 시작했다. 그야말로 미운 오리에서 백조가 된 것이다.

당시 한 신문에 '대전의 환골탈태 배워라'는 제목으로 실린 기사의 일부다. 짧지만 대전시티즌이 1년 동안 무슨 일을 했고, 당시 여론의 분위기가 어떠했는지 잘 보여주는 것 같아 소개한다.

"대전시티즌은 불과 얼마 전까지만 해도 비상식적 구단 운영의 표본이나 다름없었다. 지역사회로부터의 끊임없는 구설과 파행, 직원(임원 포함) 교체 등 잠시도 바람 잘 날이 없었다. 18년간 12차례나 사장이 교체됐다는 사실이 이를 대변한다. 그러나 대전은 올해부터 긍정적 조짐을 보여주기 시작했다. 39세의 젊은 신임 대표이사가 부임하면서 구단이 빠르게 정비됐다. 관심이 간섭으로 해석될 수 있는 오해를 피하고자 선수단과 프런트를 철저히 구분했고, 효율적 업무 분담과 조직 운영으로 만족할 만한 성과를 냈다."

대전시티즌은 이전에도 환골탈태할 수 있는 기회가 있었다. 하지만 대전은 위기를 기회로 살리지 못했다. 대전은 계속 침몰했다. 팬들은 하나둘씩 떨어져 나갔고 시민들은 구단을 외면하기 시작했다. 당연히 성적도 좋지 않았다. 위기를 수습했지만 완전히 새로운 모습으로 탈바꿈하지는 못한 것이다.

만약 이 위기까지 극복하지 못한다면 대전으로서는 생각하기조차 싫은 더 큰 '최악의 상황'을 맞이할 수밖에 없었다. 또 수습하는 정도에 그친다면 똑같은 악순환이 반복될 것이다. 이 기회에 완전히 새로운 팀으로 만들어야 했다. 그리고 그것이 내가 할 일이라고 믿었다.

가끔 지인들이 묻는다. 그렇게 좋은 성적이 나올 줄 알았냐고. 지금도 '그렇다'고 자신 있게 대답한다. 사람들은 안 믿는다. 그저 결과가 그렇게 나왔으니까 그렇게 말할 수 있는 것 아니냐고 웃어넘긴다. 그렇지 않다. 부임 당시 '지금 나오는 모든 비난의 목소리를 180도로 바꿔놓겠다'는 목표를 반드시 이룰 수 있을 것이라는 자신감이 있었다.

다시 말하지만 나는 축구를 모른다. 대한민국 남자들이 알고 즐기는 정도 수준일 뿐이다. 하지만 모든 스포츠와 조직의 생리 정도는 알고 있다. 그리고 위기가 직면했을 때 어떻게 해야 하는지 정도는 어깨너머로 배웠다. 다른 방법이 없다. 다시 '원칙'으로 돌아가는 것이다.

그래서 부임하자마자 첫 위기였던 감독 선임부터 원칙을 지키려고 했다. 선수 기용과 작전 지시는 감독 고유의 권한이었지만 나도 선수들과의 스킨십을 중요시했다. 경기를 앞두고 모든 선수들에게 일일이 엽서를 쓰고 경기 시작 전 선수들과 반드시 하이파이브를 나눈 것은 이러한 스킨십의 일환이었다. 그라운드에서는 함께 뛰지 못하지만 늘 선수들과 함께 한다는 생각을 심어주고 싶었다.

그리고 구단 안팎에 짙게 덮여 있던 거품을 거둬내는데 혼신의 노력을 기울였다. 대전시티즌은 부자 구단이 아니다. 모기업이 있는 구단도 아니다. 오로지 시민들의 지원과 시민들의 사랑과 시민들의 응원으로 유지되는 시민구단이다. 시민구단이라면 당연히 시민들의 사랑을 받아야 한다. 그러기 위해서는 '고비용 저효율' 의 거품을 깨끗하게 거둬내는 것이 가장 중요한 일이다.

우승보다 더 소중한 결과는 '시민구단도 할 수 있다' 는 사실을 실제로 입증해 보였다는 점이다. 나는 챌린지 1위나 1부 리그 승격보다 이것이 너무 자랑스럽다.

K리그 챌린지 우승을 차지하고 1억 원의 상금을 받았다. 그러나 성취뒤엔 성과를
나누는 또다른 고통이 기다리고 있었다.

우승일지 18R(7월 13일)

아드리아노

최근 성적 1무 1패. 최단 경기 우승 확정이라는 목표에도 적신호가 켜졌다. 단순히 성적 때문만은 아니다. 누차 강조하지만 이기는 것도 습관이고 지는 것도 습관이다. 대전은 챌린지에서 몸에 이기는 습관을 들였다. 성적보다 더 뜻깊은 일이었다. 누구보다 선수들이 이 사실을 잘 알고 있었고, 누구보다 승리에 목말라하는 것은 선수들이었다. 경기 전 다리 아래에서 선수들과 조촐한 삼겹살 파티를 했다. 농구로 분위기를 쇄신했다. 이런 분위기 반전이 경기 결과로 이어진 것 같아 기분이 좋았다. 결국 승리에 대한 갈증을 시원하게 풀어준 18라운드 경기였다. 대전은 대전월드컵경기장에서 열린 안양 FC와의 경기에서 4-0으로 대승을 거뒀다. 최근 1무 1패의 부진을 씻고 오랜만에 대전 홈 팬들에게 시원한 골 선물을 안겨줬다. 아드리아노는 이 경기에서 시즌 첫 해트트릭을 기록하는 기염을 토했다 대전에서 해트트릭을 기록한 선수가 나온 것은 2012년 10월 11일 이후 처음이었다.

빵을 공평하게 나누는 방법

대학원 과제 때문에 이것저것 찾던 중에 이런 문구를 본 적이 있다. "덜 약속하고 더 해주어라." 현대 경영의 창시자로 불리는 톰 피터스가 한 말이라는데 사람들의 기대를 만족시킬 수 있는 경영의 한 방법을 말한 것으로 이해한다. 당시에는 별 의미를 부여하지 않고 이 문구를 읽고 넘겼는데 조직을 운영하고 책임지는 일을 맡다 보니 이 말이 무엇을 뜻하는지 조금은 알 것 같다.

이런 얘기도 들은 적이 있다. 두 명이 빵 하나를 나눠 먹어야 할 때 누구도 불만을 갖지 않고 빵을 가장 공평하게 나눠먹을 수 있는 방법은 무엇일까? 그것은 한 명이 빵을 자르고, 나머지 한 명이 자른 빵의 조각을 먼저 선택하는 것이라고 한다. 두 명이 빵 하나를 나눠 먹을 때도 공평한 분배가 쉽지 않으니 인원이 늘어나고 나눠 먹을 빵이 커지면 문제는 더 복잡해질 것이 분명하다.

어느 조직이든 공동의 목표가 있다. 단기적일 수도 있고 장기적일 수도 있으며, 작은 목표일 수도 있고 큰 목표일 수도 있다. 그 목표를 향해 달려가는 과정은 사실 큰 문제가 없다.

조금 어렵고 힘들 수는 있지만, 목표만 분명하다면 이런저런 문제들은 '사소한 일' 로 치부되기도 한다.

정치인이라면 선거에서 당선되는 것이 1차적인 목표다. 그 과정에서 여러 문제들이 발생하기도 한다. 하지만 당선이라는 뚜렷한 목표가 있는 만큼 사실 그 문제들을 해결하는 것은 크게 어렵지 않다. 스포츠에서는 당연히 우승이 목표다. 단기적으로는 오늘, 혹은 내일의 경기가 1차적인 목표겠지만 궁극적으로 오르려고 하는 산은 '우승' 이라는 정상이다.

프로스포츠 개막 전에 감독들이 인터뷰를 한다. 누구라고 적시할 수는 없지만 언젠가 프로야구 구단의 한 감독이 우리의 목표는 '4강 진입' 이라고 얘기하는 것을 들은 적이 있다. 그때 생각했다. '저 팀은 절대 4강에 못 든다' . 아니나 다를까. 그 팀은 꼴찌에서 두 번째 성적으로 시즌을 마감했다.

2부 리그로 강등한 대전시티즌의 목표는 분명했다. 다른 것을 생각할 겨를도 없고, 다른 목표를 세우는 것은 있을 수도 없는 일이었다. 당연히 우승이고, 1부 리그 클래식 승격이다. 물론 시민구단이자 프로구단으로서의 면모를 갖추는 일, 시민들의 신뢰와 애정을 회복하는 일, 구단 내부적으로 투명성과 공정성을 보장하는 일 등등 수많은 목표와 과제가 있다. 하지만 그 모든 것은 우승을 하기 위한 필요조건, 혹은 충분조건일 뿐이다.

대전시티즌의 목표는 우승이었고, 그 목표를 달성했다. 그것도 겨우 달성한 것이 아니라 압도적인 성적으로. 나는 그거면 되는 줄 알았다. 우승이라는 목표를 이루기 위해 힘을 합쳤고, 우승을 하기 위한 필요충분조건들을 하나씩 해결해 나갔다. 남은 것은 축배와 격려와 칭찬 뿐인 줄 알았다.

문제는 엉뚱한 곳에서 발생했다. 우승을 하자 1억 원의 상금이 나왔다. 우승 축배를 들자 1억 원의 돈이 생긴 것이다. 나는 순진하게 생각했다. 코칭스태프와 선수들, 프런트까지 공평하게 나눠 가지면 되지 않을까?

그런데 현실은 그게 아니었다. 생각하는 게 모두 달랐다. 선수들은 선수들 나름대로 생각하는 몫이 있었고, 프런트는 프런트대로 자신들에게도 돌아올 몫을 생각했다. 오히려 구단에서도 우승 상금을 내놔야 한다는 얘기도 나왔다. 오해하지는 말자. 이건 절대 욕심이 아니다. 나쁘다거나 잘못된 생각도 아니다. 나도 당연히 내 몫을 생각했다.

우승은 코칭스태프와 선수, 프런트, 그리고 우리를 응원해준

연임 문제를 놓고 팬들도 목소리를 냈다.
팬들과 임명권자 모두에게 죄송스러운 일이었다.

모든 사람들이 공동으로 만들어낸 결과다. 선수들은 부상도 두려워하지 않고 그라운드에서 쓰러질 각오로 뛰었다.

프런트는 자기의 개인생활과 모든 기득권을 포기하고 오로지 선수들 뒷바라지하는 데만 힘을 기울였다. 선수 한 명 한 명, 프런트 한 명 한 명에게 1억 원을 전부 줘도 전혀 아깝지 않을 정도였다.

어떻게 분배할 것인가? 이게 문제였다. 쉽게 의견이 좁혀지지 않았다. 선수들은 선수들대로 입장 차이가 있었다. 프런트를 만나 의견을 좁히면 선수단에서 이견이 나왔다.

다시 말하지만 이들이 과욕을 부렸다거나 나쁜 생각을 갖고 있어서 이런 문제가 발생한 것이 아니다.

우선 무리한 요구인 줄 알면서도 대전시에 얘기해 별도로 5,000만 원의 우승 보너스를 요청했다. 대전시는 난색을 표했지만 그래도 추경 막판에 이 돈을 확보해줬다.

그리고 기본적인 원칙을 세웠다. '프런트도 우승 보너스의 혜택을 받게 한다.' 같이 고생한 사람들이다. 그들을 대상에서 제외한다는 것은 있을 수 없는 일이었다. 일단 그것은 받아들여졌다. 선수들이 끝까지 반대할 명분이 없었다. 그리고 코칭스태프와 선수단은 그들의 자율적인 분배에 맡겼다. 혹시 불만의 소지가 있더라도 선수들 스스로 그것을 해결하고 선택해야 팀 화합을 해치지 않을 것이라고 생각했다.

공동의 목표를 정하고 좋은 결과를 내는 것도 중요하지만 결과물을 분배하는 것 역시 이에 못지 않게 중요하다는 사실을 뼈져리게 느꼈다. 세부적으로 명문화된 규정이나 매뉴얼이 있다면 문제가 되지 않겠지만, 그렇지 않다면 가장 중요한 것은 결국 리더의 판단이다. 구성원들이 자신이 양보하는 것을 '손해 보는 일'로 생각하지 않도록 하는 것은 어떻게 합리적으로 결과물과 성과물을 나누느냐에 따라 달려 있는 셈이다.

한 개 스포츠 구단도 이렇게 복잡한데 만약 국가 전체적으로 어떤 목표와 분배의 문제가 생긴다면? 이것은 단순히 빵 한 조각을 나누는 일과는 차원이 다르다. 결국 리더가 갖고 있는 철학이나 사상, 혹은 가치관과도 연결되는 일이다. 나름대로 솔로몬의 지혜를 발휘했다고 생각하지만 그래도 서운한 사람들이 있을 것이다. 이제는 나만 욕하고 원망했으면 좋겠다.

"시민구단은 외형보다는 내실을 강조해야 한다." 지금도 그 생각에는 변함이 없다.

우승일지 19R(7월 19일)

종이 한 장 차이

1위와 꼴찌의 실력 차이는 얼마나 될까? 흔히들 막상막하의 전력을 표현할때 '종이 한 장 차이' 라고들 한다. 객관적인 전력은 분명 차이가 날 것이다. 1위를 하는 팀은 그럴 만한 이유가 있고, 꼴찌에 머물러 있는 팀은 그 나름대로의 이유가 있다. 하지만 1위와 최하위의 실력차는 글자 그대로 '종이 한 장 차이' 라고 보면 된다. 다만 누가 더 승리에 익숙한지, 누가 더 이기는 경기를 할 줄 아는지에 따라 다를 뿐이다. 19라운드 경기는 이 같은 사실을 잘 입증해 준 경기였다. 대전은 부천종합운동장에서 최하위 부천을 만났다. 낙승이 예상됐다. 하지만 막상 뚜껑을 열자 오히려 고전한 것은 대전이었다. 부천의 수비수들은 끈끈했고 연패를 끊고자 하는 열망이 강했다. 대전은 주전 선수들의 공백이 컸다. 시즌 중반을 넘어서면서 부상 선수들이 늘었다. 서명원과 김종국, 윤원일 등이 공백을 잘 메워줬지만 원정에서 승점 1점을 챙긴 것으로 만족해야 했다. 스포츠에서는, 특히 축구에서는 꼴찌라고 얕보면 절대 안 된다.

자의종군 (紫衣從軍)의 심정으로

닮고 싶은 인물이 여럿 있는데 이순신 장군은 단연 맨 위에 이름이 올라 있다. 어렸을 때 처음 이순신 장군의 전기를 읽으면서 '백의종군(白衣從軍)' 대목만 몇 번을 읽었는지 모른다. 이순신 장군은 출정하라는 임금의 명을 어긴 죄로 한 달 가까이 투옥된 뒤 권율의 진영으로 백의종군하라는 명령을 받는다. 그 후 삼군 수군통제사가 되어 처음 치른 전투가 바로 명량해전이다. 13척의 배로 130척의 왜군에 맞서 대승을 거둔 장면은 정말 한 편의 드라마다.

해외 정치인 중에서는 지미 카터 전 미국 대통령도 포함된다. 그는 재임 기간 제대로 역할을 하지 못한 대통령 1위로 꼽히지만 퇴임 이후에 더 많은 일을 해서 미국 국민들로부터 존경을 받는다. 얼마 전에는 암 투병 중인 지미 카터 전 미국 대통령이 아흔의 고령에도 아내 로살린 여사와 함께 애틀랜타 야구장에 모습을 나타내 카메라 세례를 받았다. '키스 타임' 이벤트 시간 카터 부부가 입맞춤을 나누자 관람객들은 환호와 박수를 보냈다.

이순신 장군과 지미 카터 대통령을 생각하면 백의종군이 떠오른다. 어떤 자리에 있든, 자리를 떠나서든 자신의 사명감과 역할을 잊지 않는다는 게 말처럼 쉽지는 않을 것 같다.

홍명보 전 축구 감독도 한 언론과의 인터뷰에서 이순신 장군과 지미 마터 전 대통령을 언급하며 "그런 사람이 되고 싶다"고 말하는 것을 본 적이 있다.

홍 전 감독은 '그동안 이순신 장군의 백의종군 정신을 항상 머릿속에 떠올리면서 축구를 했다' 며 감독을 떠나서도 항상 한국 축구의 발전을 위해 뛰겠다는 뜻을 밝혔다. 정말 축구를 사랑한 사람이라는 생각이 들었다.

대전시티즌 사장 자리에서 물러나며 내가 떠올린 단어도 '백의종군' 이다. 대전시티즌을 상징하는 색깔이 자주 색이니 백의종군이 아니라 '자의종군(紫衣從軍)' 이라고 해야 할 것 같다.

대전시티즌이 1부 리그로 승격한 뒤 2015년 3월 15일 대전월드컵경기장에서 홈 개막전이 열렸다. 경기장을 들어서는데 감회가 새로웠다. 바로 어제까지 함께 구슬땀을 흘리고, 같은 목표를 향해 동고동락했던 선수들이 드디어 1부 리그에 승격해 홈

그라운드에서의 전권은 감독에게 맡기고 구단에서는 선수들이 마음 놓고 뛸 수 있는 환경을 조성해주면 된다.

팬들에게 신고식을 치른다고 생각하니 팬의 한 명으로 경기장에 입장하는데도 가슴이 뛰었다. 2014년 2부 리그에서 치렀던 36경기 한 장면 한 장면이 머릿속에 파노라마처럼 지나갔다.

기대하지도 않았지만 전임 사장이라고 홈경기에 초대해 준 사람은 아무도 없었다. 설사 초대장을 받았다고 하더라도 티켓을 끊고 서포터스들과 응원석에 앉았을 것이다. 줄을 서서 홈 팬들과 함께 티켓을 끊는데 이렇게 티켓을 직접 사보는 것도 참 오랜만이라는 생각이 들었다.

골문 뒤 대전 서포터스 응원석에 앉아 경기 내내 목이 터져라 응원했다. 알아보는 사람이 없기를 바랐는데 1년 동안 사장을 하면서 이런저런 자리에서 얼굴을 비추는 일이 많았고 서포터스들을 직접 대면하는 자리가 적지 않았기 때문에, 얼굴을 기억하는 팬들이 있었다. "왜 여기 앉아 계세요?" 반가워하면서도 오히려 그들이 미안해했다. 함께 사진도 찍고 응원가를 목청껏 부르며 대전을 응원했다. 오랜만에 팬으로 돌아간 것이다.

아쉽게도 대전은 패했다. 상대는 올 시즌 함께 1부 리그 클래식으로 올라온 광주 FC였다. 챌린지에서 이미 오래전에 1위를 결정지은 대전보다 그들의 절박함이 더 컸을 것이다. 실제 광주는 승격 플레이오프에서 강원 FC와 안산 경찰청을 잇달아 격파하고 K리그 클래식 11위 경남마저 누르는 돌풍을 일으키며 1부 리그 승격에 성공한 팀이다. 압도적인 성적으로 우승을 차지한 대전과 힘겹게 승격한 광주의 첫 대결이었던 만큼 언론의 관심도 많았다.

안타깝게도 2부 리그 챌린지 우승 팀 대전은 홈구장에서 무기력한 모습을 보였다. 자신감과 투지가 넘치는 광주 선수들과 달리 왠지 위축돼 보였다. 선수들의 몸이 무거웠다. 선수들의 몸만큼이나 내 마음도 무거웠다. 2부 리그의 여세를 몰아 1부 리그에서도 잘해주길 바랐다. 전년도 2부 리그 우승 팀이 1부 리그에 승격하자마자 우승 트로피까지 들어 올리는 그야말로 꿈같은 일을 수없이 꿈꿨다. 내가 그 자리에 없어도 아무 상관

없다. 다만 1년 동안 온갖 어려움을 이겨내며 팀을 재정비한 대전이 그렇게 해줘야 나도 보람이 컸을 것이다.

이 글을 쓰고 있는 현재 대전은 리그 최하위에 머물러 있다. 지금대로라면 재강등이 유력하다는 기사가 여러 개 올라 있다. 대반전의 기회를 만들지 못한다면 1부 리그에 승격되자마자 다시 2부 리그 강등이라는 수모를 당할 처지다. 말은 '자의종군' 이라고 했지만 팬의 한 명으로 남은 경기에서 기적 같은 승부를 펼쳐달라고 응원하는 것이 내가 할 수 있는 전부다.

지난 1년 동안 대전에는 많은 '변화' 가 있었다. 성적 부진의 책임을 안고 조진호 감독이 사퇴했고 공격의 핵심이었던 아드리아노도 다른 팀으로 이적했다. 선수 겸 플레잉코치였던 김은중도 은퇴했다. 팀 안팎에서 이런저런 얘기가 들릴 때마다 내가 사장으로 있는 동안 더 잘하지 못해 그런 것 같아 늘 마음이 아팠다.

지금 상황과 팀 분위기가 어떨지 누구보다 잘 안다. 선수들의 사기는 바닥으로 가라앉아 있을 것이고 어떤 당근과 채찍도 무용지물일 것이다. 너무 당연한 얘기지만 패배에 익숙해지면 다음 경기도 패할 것 같아 걱정이 앞서고, 승리에 익숙해지면 다음 경기도 늘 이길 것 같은 좋은 기분이 들기 마련이다. 다시 처음으로 돌아갔으면 좋겠다.

그 동안의 경기는 모두 없었던 경기였다고 생각하면 좋겠다.

바로 직전 패했던 경기가 2부 리그 챌린지의 마지막 경기이자 동계훈련의 마지막 연습경기였다고 생각했으면 좋겠다.

그래도 대전시티즌의 선수들을 믿는다. 2부 리그에서 오로지 하나의 목표를 향해 그라운드에서 성난 말처럼 뛰어다닐 때를 기억해줬으면 좋겠다. 감독도, 주전 공격수도, 선수들도 많이 바뀌었지만 대전시티즌 선수들에게는 그때의 뜨거운 피가 흐르고 있다고 믿는다. 팬들의 애정도 변함이 없다. 이 글이 책으로 만들어져 나갈 때쯤 시즌 후반 연승을 거두고 2부 리그 강등 위기에서 탈출했다는 소식이 들릴 것이라고 믿는다.

'자의종군' 의 심정으로 다시 한 번 뜨거운 응원의 박수를 보낸다. 대전시티즌 파이팅!

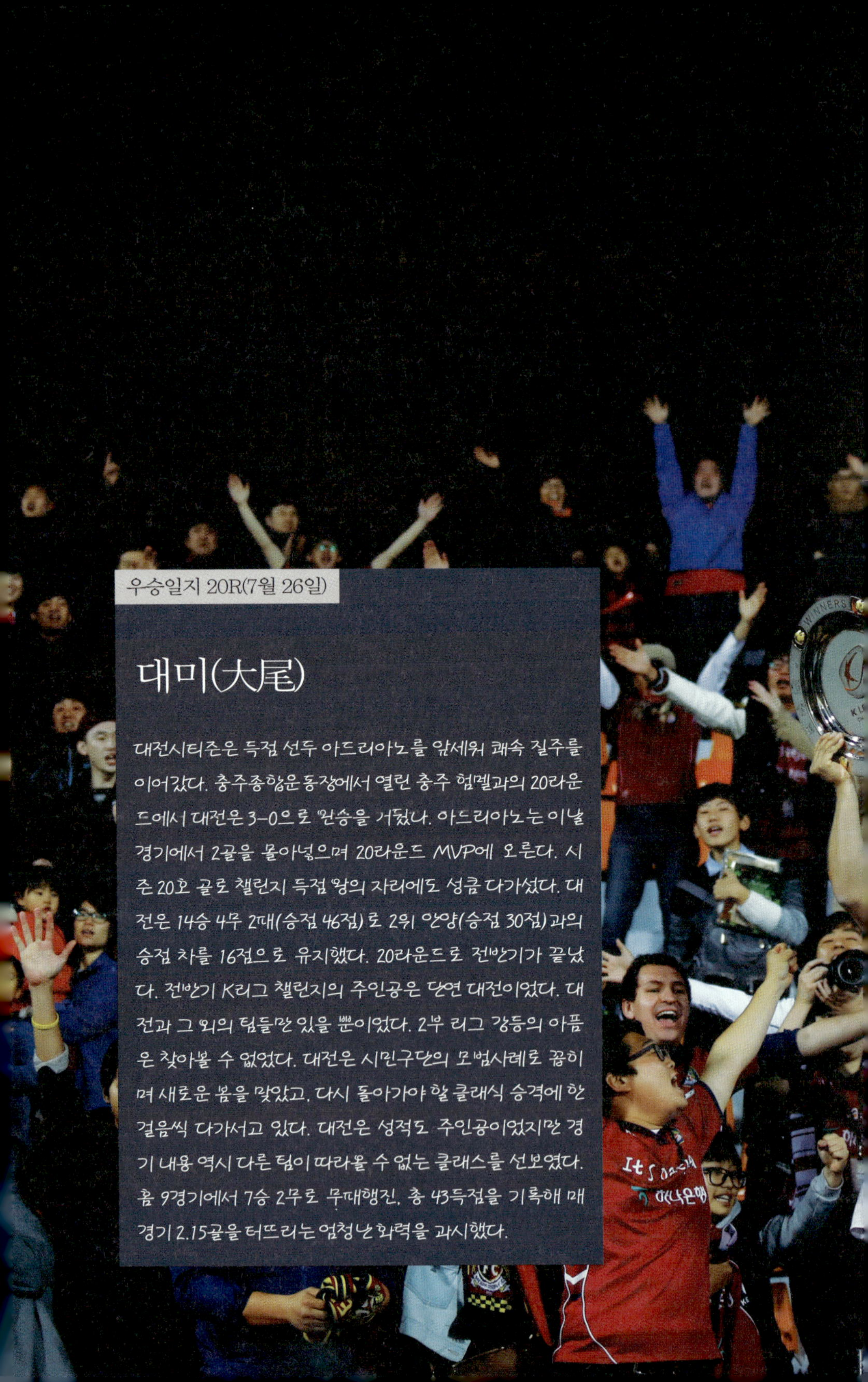

우승일지 20R(7월 26일)

대미(大尾)

대전시티즌은 득점 선두 아드리아노를 앞세워 쾌속 질주를 이어갔다. 충주종합운동장에서 열린 충주 험멜과의 20라운드에서 대전은 3-0으로 완승을 거뒀다. 아드리아노는 이날 경기에서 2골을 몰아넣으며 20라운드 MVP에 오른다. 시즌 20호 골로 챌린지 득점왕의 자리에도 성큼 다가섰다. 대전은 14승 4무 2패(승점 46점)로 2위 안양(승점 30점)과의 승점 차를 16점으로 유지했다. 20라운드로 전반기가 끝났다. 전반기 K리그 챌린지의 주인공은 단연 대전이었다. 대전과 그 외의 팀들만 있을 뿐이었다. 2부 리그 강등의 아픔은 찾아볼 수 없었다. 대전은 시민구단의 모범사례로 꼽히며 새로운 봄을 맞았고, 다시 돌아가야 할 클래식 승격에 한 걸음씩 다가서고 있다. 대전은 성적도 주인공이었지만 경기 내용 역시 다른 팀이 따라올 수 없는 클래스를 선보였다. 홈 9경기에서 7승 2무로 무패행진, 총 43득점을 기록해 매 경기 2.15골을 터뜨리는 엄청난 화력을 과시했다.

대전시티즌이 챌린지 우승을 차지하고 '미운 오리'에서 시민구단의 모범사례로 변모할 수 있었던 가장 큰 힘은 이렇게 열렬하게 응원을 보내준 팬들과 대전시민이었다.

36세 첫 관직에 오르다

'관직이란 내가 마음에 드는 사람을 데려다 앉히는 것이 아니다. 그 임무를 가장 잘 해낼 수 있는 사람을 택해 임명하는 것이다.' 세종대왕이 강조했던 말로 그의 인사 철학을 단적으로 보여준다.

세종대왕은 수많은 업적을 남겼지만 그 업적들은 자신만 탁월하다고 해서 나온 결과물이 아닐 것이다. 입버릇처럼 말했듯 '내가 마음에 드는 사람' 이 아니라 '그 임무를 가장 잘 해낼 수 있는 사람' 을 필요한 자리에 임명했다.

세종은 또 이런 말도 남겼다고 한다. '인재를 얻어 맡겼으면 의심하지 말고, 의심이 있으면 맡기지 말아야 한다.' 철저한 검증을 거쳐 인재를 중용하되 그런 과정을 거쳤으면 일단 믿고 일을 맡겨야 한다는 의미로 나는 해석한다. 세종이 한 말인지 신하 중에 한 명이 한 말이었는지 논란이 있다고 하는데, 이런 논란과 상관없이 세종 시절 이런 인사 철학이 관철된 것만은 분명해 보인다.

사실 인사에서 필요한 가장 중요한 원칙을 모두 언급한 것이다. '내가 마음에 드는 사람이 아니라 그 임무를 가장 잘 해낼 수 있는 사람을 임명' 하고, '인재에게 일단 일을 맡겼으면 의심하지 않는다' 면 인사에서 문제 될 것이 없다.

리더에게 가장 중요한 덕목은 자신의 능력이 아니라 능력 있는 사람을 알아보는 것이라는 말을 자주 듣는다.

기꺼이 동의한다. 실제 본인은 주변 사람들로부터 존경도 받고 많은 능력을 가졌는데도 사람을 잘못 써서 일을 그르치거나 비난을 받는 사례를 적지 않게 목격했다. "인사가 만사"라는 말은 괜히 생긴 게 아니라는 사실을 갈수록 절감한다.

나는 36세의 나이에 처음으로 관직을 맡았다. 대전시생활체육회 사무처장. 2010년 7월부터 2014년 7월까지 만 4년이 넘는 시간을 대전시생활체육회 사무처장으로 일했다. 임기 마지막 8개월은 프로축구 대전시티즌 사장을 겸했다.

내가 스포츠와 인연을 맺게 되리라고는 예상하지 못했다. 먼 훗날 누군가 '당신에게 스포츠는 무엇이었습니까?' 라고 묻는다면 뭐라고 얘기할 수 있을까? 글쎄다. 아직 잘 모르겠다. 물론 어렸을 때는 농구와 몇몇 구기 종목에서 발군의 실력을 발휘하기도 했다. 하지만 그것은 그야말로 동네 스포츠일 뿐 정식 선수로 활동한 것은 아니다.

대전시티즌 사장으로 임명되자 생활체육계에서 활동하고 있는 한 어르신이 이런 말을 전했다.

'생활체육회 사무처장과 프로구단 사장을 겸직한 사람은 아마 김세환 씨가 처음일 거야.' 그때는 그저 일 열심히 하라는 격려의 말씀으로 별 뜻을 두지 않고 들었는데 지금 생각해보니 막중한 책임이 따르는 직책 두 개를 동시에 맡았다는 생각이 든다. 그 어르신도 '더 책임감 있게 일하라' 는 의미로 그 말을 해준 것 같다.

생활체육도 프로스포츠도 중요하다. 그 중간쯤 어딘가에 엘리트 스포츠가 위치하겠지만 선진국일수록 프로스포츠 못지않게 생활체육이 국민들의 일상생활에 큰 영향을 차지한다. 우리나라 역시 생활수준이 높아지면서 생활체육의 비중이 높아지고 프로스포츠의 영향력도 점차 커지고 있다. 이런 시기에 생활체육을 대표하는 시생활체육회와 프로축구 구단인 대전시티즌을 이끌었다는 것은 내 인생에서 어쩌면 가장 자랑스러운 일로 남을지도 모르겠다.

물론 시생활체육회 사무처장을 맡을 때도 대전시티즌 사장 때처럼 우여곡절이 많았다. 곱지 않은 시선도 있었다. 아는 사

챔피언은 그 과정도 중요하지만 목표를 달성한 이후가 더 중요하다.

람은 알겠지만 생활체육도 동호인이 늘어나고 조직이 커지면서 중요성이 높아졌다. 이런 생활체육회를 36세의 젊은 '초보자' 가 맡는다고 하니 왜 반발이 없고, 곱지 않은 시선이 없었겠는가.

다만 그런 곱지 않은 시선을 2년 후, 4년 후에 다시 평가해보자는 자신감은 그때도 있었다. '마음에 드는 사람이 아니라 그 임무를 가장 잘 해낼 수 있는 사람을 택해 임명한 것' 이라는 평가를 받겠다는 당찬 포부도 있었다.

그러기 위해서는 결국 다른데 눈 돌리지 않고, 욕심부리지 않고 시생활체육회 사무처장에게 맡겨진 본연의 임무를 충실히 하는 것 외에는 다른 방법이 없었다.

엘리트 체육을 관리하는 대전시체육회에 비해 생활체육을 지원·육성하기 위해 만든 시생활체육회는 상대적으로 역사가 짧고 행정력도 약했다. 당연히 예산도 비교가 되지 않았다. 생활체육 인구가 갈수록 급격하게 늘어나고 중요성이 커지고 있는데도 조직이나 예산, 규모는 과거에 비해 크게 달라지지 않은 것이다. 무엇보다 시생활체육회의 조직을 재정비하는 것이 급선무였다. 그 일부터 하나씩 시작했다.

종목별 회장님들에게는 늘 죄송한 마음과 감사한 마음이 교차한다. 그분들은 '인재를 얻어 맡겼으면 의심하지 말고, 의심이 있으면 맡기지 말아야 한다' 는 원칙을 누구보다 잘 알고 있었고, 그런 마음으로 내가 일하는 것을 지켜봐 주셨다. 생활체육회 직원들이나 종목별 회원들과는 많은 스킨십을 나눴지만 회장님들과는 상대적으로는 그런 스킨십이 부족했던 것 같아 항상 죄송하다.

가장 고마웠던 사람들은 역시 생활체육회 사무처 직원들이다. 그들 한 명 한 명의 힘이 없었다면 4년 동안 사무처장으로 있는 동안 그 많은 일들을 해낼 수 없었을 것이다. 일을 잘 할 수 있는 사람을 쓰고, 그들이 일을 잘 할 수 있도록 환경을 조성해주고, 바람막이가 되고, 책임을 지는 것이 내가 할 일이었다. 다른 것은 몰라도 그 역할만큼은 충실히 했다고 자부한다. 그때는 그저 눈앞의 일만 열심히 하는 것이라고 생각했는데 지나고 보니 그 모든 과정 하나하나가 리더가 갖추어야 할 덕목을 배우는 과정이었다는 생각이 든다. 그만큼 나에게는 소중하고 값진 시간이었다.

'철강 왕' 앤드루 카네기의 묘비에는 이런 말이 새겨져 있다고 한다. '여기 자신보다 우수한 사람을 거느렸던 사람이 누워 있노라.' 나중에 나의 묘비에는 어떤 문구가 새겨질지 모르겠지만 사람을 쓰는 일과 관련해서는 나도 이런 말을 듣고 싶다.

수비의 전포지션을 소화하며 궂은 일을 도맡아 주고 까다로운 용병선수들을 잘 어울러준 "슛터링" 송주한 선수.

수비의 전포지션을 소화하며 궂은 일을 도맡아 주고 까다로운 용병선수들을 잘 어울러준 "슛터링" 송주한 선수.

우승일지 21R(8월 9일)

홈경기 연속 무패 신기록

K리그 챌린지의 '1강'은 누가 뭐래도 대전이다. 대전은 후반기가 시작되자마자 그것을 다시 입증했다. 무섭게 불어닥친 전반기의 '대전발' 돌풍이 아직도 끝나지 않은 것이다. 대전은 또 후반기 첫 경기를 승리로 장식하며 홈경기 무패행진 구단 신기록을 새롭게 썼다. 대전은 대전월드컵경기장에서 열린 21라운드에서 고양FC를 1대 0으로 꺾었다. 이날 승리로 대전은 2013년 11월 3일 이후 홈에서 11승 2무를 기록하며 안방에서 13경기 연속 무패라는 대기록을 세웠다. 창단 이후 팀 최다 홈경기 무패 기록이다. K리그 챌린지는 전반기를 마치고 2주간의 휴식기를 가졌다. 생각 같아서는 봇물처럼 터진 승리의 기운을 계속 이어가고 싶었다. 하지만 그 어떤 팀보다 선수들의 체력 소모가 많았다는 점을 고려하면 2주간의 휴식은 대전 선수들에게도 꿀맛 같은 휴식이었다. 후반기 첫 경기인 21라운드는 그래서 중요했다. 결과는 선수들에게 충분히 재충전의 기회가 됐다는 것을 보여줬다.

누구나 실수를 한다

나중에 다시 얘기를 하겠지만 고등학교 때 큰 실수를 한 적이 있다. 어렸을 때부터 불의를 보고 그냥 넘기지 못하는 성격 탓도 있었다.

부당한 체벌에 대한 저항의 표시로 학교에 가지 않았다. 집에도 안 들어갔다. 소위 '가출'을 감행한 것이다.

짧은 방황을 끝내고 집으로 돌아가는 길, 솔직히 겁이 났다. 부모님께 혼날 일도 걱정이고 다시 학교에 갈 생각을 하니 눈앞이 캄캄했다. 만약 이 일로 더 큰 벌이 주어진다면 나는 그것을 감당할 자신이 없었다. 거의 자포자기의 심정으로 집으로 갔다.

그런데 처음에는 화를 내시던 아버지도 내 얘기를 듣더니 매를 거뒀다. 다음 날 만난 담임선생님도 벌 대신 지금도 내 인생의 교훈으로 새기고 있는 따뜻한 말 한 마디로 나를 용서해주셨다. 어린 마음에도 죄송한 마음이 너무 컸다. 이제부터는 더 잘해야겠다는 각오도 했다.

만약 그때 그렇게 용서받지 못했다면 나는 아마 본격적으로 비뚤어졌을지도 모른다. 아버지도, 담임선생님도 나의 행동을 '실수' 로 봐주신 거였다. 그리고 그 실수를 넓은 마음으로 안아주셨다. 그때 배웠다. 벌보다 용서가 때로는 더 큰 자극제가 될 수 있다는 사실을.

안현식 선수. 나는 지금도 그의 이름을 들으면 마음이 아프다. 그는 전도 유망한 축구선수였다. 2007년 대전시티즌에서 프로선수로 데뷔한 이후 곧바로 U-20 국가대표 선수로 선발되면서 잠재력을 인정받았다. 하지만 단 한 번의 실수가 그에게는 돌이킬 수 없는 멍에가 된다. 그는 승부조작을 논의하는 선후배들의 회식자리에 참석했다가 '입막음용' 으로 200만 원을 받았다. 그는 지금도 자신을 원하는 팀, 자신이 원하는 팀을 찾지 못하고 '야인' 생활을 하고 있다.

2014년 K리그 챌린지에서 우승을 차지하고 1부 리그로 다시 원대 복귀하는 대전으로서는 선수 보강이 시급했다. 그때 눈에 띈 것이 고양 FC에서 뛰고 있는 안현식이었다. 하지만 그에 대한 영입 추진이 알려지자 비난 여론이 쇄도했다. '승부조작에 연루돼 사법처리를 받은 선수를 어떻게 받아들일 수 있느냐' 는 것이었다.

하지만 내 생각은 달랐다. 그는 이미 그 일로 보호관찰 2년, 사회봉사 200시간이라는 중징계를 받았다. 징계 절차를 밟고 있는 선수도 아니었고, 그렇다고 본인이 자신의 잘못을 발뺌하는 상황도 아니었다. 충분히 반성하고 있었고 무거운 징계도 이미 받았다.

그렇다면 이런 선수는 어떻게 해야 되는 건가? 철들고 나서부터 축구공만 찼던 사람이다. 다른 건 할 줄도 모르고, 할 생각도 없고 오로지 축구만 바라보고 살았던 청년이다. 나는 당연히 기

챌린지 우승을 차지하고 이 팬이 내걸은 구호처럼 K리그 클래식도 '접수'하고 싶었다.

회를 줘야 한다고 생각했다. 물론 팬들의 생각은 달랐다. 무엇보다 2011년 대전은 승부조작 파문에 휘말려 8명의 선수가 구속된 트라우마가 있었기 때문에 이 문제에 더욱 예민했다.

안현식의 상황은 다소 다르다. 본인이 직접 승부조작에 가담한 것도 아니다. 다만 승부조작에 연루된 선후배들이 준 돈 200만 원을 받은 게 화근이었다. 이 역시 안현식 선수 스스로 자진 신고했다. 물론 이러한 행동 또한 역시 절대 용서받거나 그냥 넘어갈 일은 아니지만 그 잘못으로 그는 선수로서는 치명적이라고 할 수 있는 징계를 이미 받았다. 더구나 경미한 가담과 성실한 사회봉사활동 이행을 인정받아 축구협회로부터 징계를 경감 받기도 했다.

팬들과의 대화를 시도했다. 충분히 설명하고 대화하면 팬들도 이해할 것이라고 믿었다. 하지만 대화의 자리는 결국 만들어지지 못했다. 구단 측의 일방적인 설명과 여론 호도용이라며 이를 거부한 것이다.

그런 게 아니었다. 정말로 대화를 하고 싶었다. 이것은 누구의 잘잘못을 따지는 문제가 아니었다. 사안을 어떻게 볼 것이냐의 문제였다. 잘잘못의 문제이고 잘못한 것이 있는데도 여전히 처벌받지 않은 사안이었다면 당연히 대화의 자리는 의미가 없다. 하지만 생각과 견해가 달라 발생한 문제라면 허심탄회하게 대화를 하면 풀릴 것이라고 믿었다.

결국 안현식 선수의 영입 계획은 취소됐다. 직접 구단 홈페이지에 '심려를 끼쳐드려 죄송합니다'라는 글을 올렸다. "아픔을 겪은 선수에게 기회를 줘 어려운 구단과 함께 상생할 수 있는 문화를 만들고 싶었습니다. 그런데 이런 생각이 오히려 팬들에게 실망을 안겨드렸습니다. 팬들의 의견을 존중해 계약 관련 사항을 재검토한 뒤 다른 팀에서 뛸 수 있도록 최선의 조치를 하겠습니다."

여론 호도용 사과문이 아니었다. 진심이 담긴 글이었다. 아픔을 겪은 선수가 고향과 같은 대전에 와서 본인의 실수와 잘못을 극복하고 재기할 수 있는 기회를 주고 싶었다. 그것이 감동스토리가 되어 젊은 선수들이 절대 한순간의 유혹에 빠지지 않는다면 그 또한 프로 축구 발전에 기여하는 일이라고 생각했다.

누구나 실수를 한다. 어떤 사람은 그 실수를 전화위복의 기회로 삼기도 하고, 또 어떤 사람은 단 한 번의 실수로 인해 영원히 인생의 낙오자가 되기도 한다. 잘못한 사람을 벌주는 것은 당연한 일이다. 그것은 사회시스템을 제대로 작동시키기 위해 가장 중요한 요소이기도 하다.

하지만 때로는 용서가 더 큰 순기능을 하기도 한다. 내가 어렸을 때 가출했던 일과는 단순 비교가 안 되겠지만 나는 그때 용서를 받아 다른 길로 빠지지 않고 그래도 여기까지 왔다. 상응하는 벌은 주되, 그게 끝났다면 기꺼이 용서해주는 것도 중요하다.

영화 〈여인의 향기〉에서 알 파치노가 연기한 시각장애인 퇴역 장교는 이렇게 말한다. "실수를 하거나 스텝이 엉키면 그게 바로 탱고예요." 실수를 하니까 사람이고 인생이다. 안현식 같은 선수에게 재기의 기회를 주지 않는다면 그것은 너무나 가혹한 '이중처벌'이다. 다른 분야도 마찬가지다. 그런 재기가 가능하지 않다면 우리 사회는 발전하기 어렵다. 안현식 선수에게 마음껏 뛸 수 있는 그라운드를 열어줘야 한다. 지금도 그 생각에는 변함이 없다.

우승일지 22R(9월 24일)

악재

일단 경기가 순연된 것 자체가 여러 가지로 손해였다. 대전은 8월에 열린 21라운드 경기에서 1-0으로 승리하며 후반기를 기분 좋게 시작했다. 안방에서만 11승 2무를 기록하며 13경기 연속 무패라는 구단 신기록도 달성했다. 곧바로 22라운드 경기를 펼쳤으면 상승세를 이어갈 수 있었을 것이다. 전반기를 끝내고 2주간의 달콤한 휴식을 통해 전반기에 소진했던 체력도 다시 비축할 수 있었다. 하지만 22라운드 경기는 교황 방문으로 순연됐고 경기 일정이 촘촘해지면서 대전은 힘겨운 9월을 보내야 했다. 이런 상황은 곧바로 경기 결과에 반영됐다. 대전은 안방에서 치러진 2위 안산 경찰청과의 경기에서 득점 없이 비겼다. 승점 1을 확보하는데 그쳐 선두는 유지했지만 2위 안산과의 승점 차를 벌리지는 못 했다. 승리를 향한 선수들의 열망은 뜨거웠다. 무려 21차례나 상대 골문을 두드렸다. 하지만 끝내 골문을 여는 데는 실패했다.

잘 만나는 것도 어렵지만 잘 헤어지는 것도 쉽지 않다.
내 욕심과 몇 가지 오해들로 많은 분들을 힘들게 한 것 같아 죄송하다.

박수 받을 때 떠나라

운명적인 만남보다 아름다운 작별이 더 어렵다는 사실은 청춘 시절 한 두 번씩 경험하게 되는 일이지만 그것을 실행하기란 여전히 쉽지 않다. 그래서 누군가는 "박수 받을 때 떠나라"고 하고, 또 어떤 시인은 "가야 할 때가 언제인가를 알고 가는 이의 뒷모습은 얼마나 아름다운가"라고 노래했던 모양이다.

영화 〈그래비티〉에서 내가 가장 감명 깊게 본 장면은 매트(조지 클루니)가 스스로 우주의 심해에 버려지면서도 유머를 잃지 않던 작별의 순간이었다. 그 장면을 보며 속으로 그랬다. '저런 상황에서도 저토록 멋있고 아름답게 떠날 수 있을까?' 비슷한 상황에 처하면 적어도 추하게 작별하지는 말자고 매일 다짐하는데 생각처럼 잘 될지 걱정이다.

축구계에서는 역시 거스 히딩크 감독이 '박수 받을 때 떠나라' 는 교훈을 가장 잘 실천한 인물로 꼽힌다. 2002년 한국 대표팀 감독으로 4강 신화를 쓰면서 전 국민의 영웅이 됐지만 그는 조금의 미련도 없이 한국을 떠났다. 이후 호주, 러시아 국가대표팀 감독 때도 그랬고, 심지어 첼시에서는 임시 감독이었는데도 그는 '박수를 받으며' 떠났다.

시즌이 끝나자 임기 문제가 불거지기 시작했다. 후임 얘기도 나왔다. 더 하고 싶은 욕심이 없었다면 그것은 거짓말이다. 솔직히 1년 정도만 사장을 더 맡으면 좋겠다고 생각했다. 그것은 개인적으로도 영예로운 일이었지만 대전을 위해서도 필요하다고 봤기 때문이다. 2부 리그 우승과 1부 리그 승격이라는 목표를 이룬 선수들과 함께 더 큰 꿈에 도전해보고 싶었다. 2부 리그에서처럼 1부 리그에서도 새로운 신화를 다시 만들어가는 대전시티즌을 상상하는 것만으로도 가슴이 뛰었다.

사실 임기 문제는 시즌 중에도 불거졌다. 시민구단인 만큼 대전시티즌 사장은 자치단체장의 임기와 운명을 같이 할 수밖에 없다. 그런데 내 임기가 애매했다. 사장을 맡은 지 반 년 만에 대전의 수장이 바뀐 것이다. 7월 1일 새로운 시장이 부임하자 일각에서 거취 문제가 언급되기 시작했다. 하지만 그때는 누구도 바꿀 생각을 하지 않았다.

겸직하고 있던 대전시생활체육회 사무처장의 임기는 2016년

2014년 12월 말부터 1월 초까지 다녀왔던 히말라야 안나푸르나.
그곳에서 모든 것을 내려놔야겠다고 마음을 비웠다.

까지였다. 대전시티즌 사장 자리와 생활체육회 사무처장 두 자리를 모두 고집할 수는 없었다. 임기가 1년 정도 남았지만 생활체육회 사무처장 자리에서는 물러나기로 했다. 누가 사무처장으로 와도 크게 흔들리지 않을 정도로 조직을 정비하는데 성공했다는 자신감도 있었다. 하지만 대전시티즌은 아직 갈 길이 멀었다. 게다가 시즌 중반이었다.

결국 대전시티즌 사장은 계속 맡는 것으로 결정됐다. 언론에서는 '새 수장을 앉히기보다는 구단 쇄신에 공을 세운 현 사장에 대한 신임을 선택했다'는 논평을 내놨다. 당연히 더 잘해야겠다는 생각을 했다. 구단 쇄신의 고삐를 더 바짝 조였다. 가장 먼저 선수선발위원회를 발족시켰다. 구단 체질 개선과 챌린지 우승을 통해 반드시 1부 리그 승격을 달성하겠다는 목표도 다시 한 번 대내외에 천명했다.

그리고 그 목표를 이뤘다. 시즌이 끝나고 내심 기대도 했지만 내가 결정하고 선택할 수 있는 일은 아니었다. 명예롭게 물러날 수 있는 기회를 만들어주면 당연히 물러나야 한다고 마음먹었다. 1년만 더 맡으면서 1부 리그에서 더 큰 꿈을 향해 달려보고 싶다는 뜻은 '순진한 생각'이라는 사실을 누구보다 잘 알고 있었지만 최소한 명예롭게 물러나고 싶었다. 적어도 그럴 자격은 있다고 여겼다.

분위기가 이상하게 돌아간다는 느낌이 감지되기 시작했다.

특별한 언질도 없었지만 누구도 "고생했다"고 격려해주는 사람이 없었다. 마냥 기다릴 수만은 없었다. 두 가지 요청사항을 전달했다. 첫째는 한 번 더 기회를 준다면 1부 리그에서도 대전시민들의 힘을 하나로 결집해 좋은 성과를 낼 수 있도록 최선을 다하겠다는 것, 둘째는 그래도 나를 대신할 사람을 염두에 두고 있다면 가능한 한 빨리 결정해서 명예롭게 물러날 수 있도록 해달라는 것. 나로서는 최대한 예의를 갖춰 뜻을 전달했고, 당연히 할 수 있는 얘기를 했다고 생각했다.

그런데 한 달 가까이 확답이 없었다. 한 달 동안 우승 보너스 분배나 선수 재계약 문제 등 머리 아픈 일이 많았다. 솔직히 이런 생각도 했다. '아무 얘기 없다는 것은 한 번 더 맡기겠다는 뜻일 수도 있겠구나.' 그런데 한 달 후에 연락이 왔다.

다시 한 번 자진사퇴할 수 있는 명분을 만들어주길 바랐다. 그렇지 않다면 이사회를 열어서 정식으로 해임해 달라고 했다. 이런저런 사정이 있었겠지만 개인적으로 억울한 면도 있었다. 사장을 더 맡겠다고 고집을 피운 것도 아니고, 뭔가 잘못해서 물러나는 것처럼 모양새가 만들어지는 것도 인정하기 어려웠다.

이런 복잡한 상황과 복잡한 심정을 안고 히말라야로 떠났다. 그리고 돌아와서 결국 사의를 전달했다. 자리에 연연하는 것은 개인적으로든, 대전시티즌을 위해서든 도움이 되지 않는다고 판단했다. 처음 사장으로 선임될 때처럼 할 말도 많고 항간의 소문에 대해 반박하고 싶은 마음도 컸다. 하지만 당시에는 모든 것을 내가 안고 떠나는 게 순리였다.

짐을 챙겨 떠나는 날 처음 출근하던 날의 기억이 떠올랐다. 만감이 교차했다. 다른 건 몰라도 모든 것을 내려놓고 일했다고 자부한다. 임기 초 "성과로 평가 받겠다"며 스스로 임기를 1년으로 한정한 것도 이 과정의 일환이었다. 사장으로서 누릴 수 있는 권한 대부분을 포기했다. 정말 아무것도 없는 빈손으로 새롭게 팀을 재정비하고 싶었고, 또 어느 정도는 그렇게 만드는데 성공했다.

선수들과 팬들의 함성이 자꾸 귓가에 맴돌았다. 누구나 만날 때가 있으면 떠날 때가 있는 법이라고 스스로의 마음을 다독였다. 어떻게 만나느냐 보다 어떻게 헤어지느냐가 더 중요하다. 누구의 잘잘못을 떠나 더 멋있게 떠나고 싶었다. 생각만큼 그게 잘 안된 것 같아 지금도 많이 아쉽다.

우승일지 23R(8월 24일)

조급증

나도 선수들도 마음이 조급해지기 시작했다. 최단 경기 우승을 확정하고 1부 리그 승격을 결정지으려던 계획이 조금씩 늦어지기 때문이었다. 전반기가 끝나고 2주간의 휴식기를 가졌지만 체력 소모가 컸던 선수들의 컨디션이 완전히 회복되지는 않았다. 후반기 첫 경기였던 21라운드에서도 1-0으로 승리를 거두기는 했지만 경기 막판 체력이 급격하게 떨어지는 현상도 보였다. 안산과의 22라운드 경기가 교황의 방문으로 순연됐다. 경기 리듬이 떨어진다는 점에서는 다소 불안했지만 그나마 조금이라도 휴식을 더 갖게 됐다는 점에서는 다행이었다. 안양종합운동장에서 열린 안양과의 23라운드는 결국 1-1 무승부로 끝났다. 안양의 압박 수비에 막혀 고전하다 어렵게 선취점을 올렸지만 곧바로 너무 쉽게 동점골을 허용했다. 한 골 차 승리를 지키는 것도, 한 골 차 뒤지고 있다가 경기를 원점으로 만드는 것도 모두 체력이 뒷받침되어야 한다. 아무래도 체력에 문제가 있어 보였다. 물론 우승 전선은 이상무.

대전시티즌 사장 임기 말 히말라야 안나푸르나 트레킹을 다녀왔다.
오래전부터 예정되어 있던 일정이었지만 시기상 이런저런 논란을 불러왔다.

리더는 열정을 이끈다

대전시티즌 사장에 임명된 후 오랫동안 알고 지내던 지인을 만나 이런저런 얘기를 나눴다. 크고 작은 조직을 이끌었던 경험이 있던 그분과 나눴던 주된 화제는 리더와 조직원들의 관계였던 것으로 기억한다. 그분은 헤어진 뒤에도 메시시를 보내왔다. 리더로서 힘들 때마다, 고민이 될 때마다 이 문구를 떠올리며 중심을 잃지 않으려고 노력했다.

보스는 권위에 의존하지만 리더는 소통에 의지한다.
보스는 두려움을 심지만 리더는 열정을 이끈다.
보스는 책임을 지우지만 리더는 책임을 진다.
보스는 '나' 라고 하지만 리더는 '우리' 라고 한다.
보스는 '가라' 고 하지만 리더는 '가자' 고 말한다.
보스는 자신을 높이지만 리더는 스스로를 낮춘다.

대전시티즌 사장을 맡으면서 가장 관심을 기울인 것은 선수들과의 교감과 소통이었다. 물론 사장이라는 자리가 선수들과 직접 교감하고 소통하는 자리는 아니다. 감독이 있고 프런트들에게 맡겨도 되지만 나는 그러고 싶지 않았다. 서포터스를 열두 번째 선수라고 한다. 나는 열세 번째 선수가 되고 싶었다. 비록 그라운드에서 경기를 뛰지는 못하지만 항상 그들의 심장과 같이 호흡하고 싶었고 그들과 발을 맞추고 싶었다.

동계훈련 연습경기부터 36라운드 모든 경기를 빼놓지 않고 현장에서 관전했다. 경기 전에는 모든 선수들에게 엽서를 썼고 경기가 끝난 직후에는 모든 선수들과 하이파이브를 나눴다. 틈날 때마다 삼겹살 파티를 열며 선수들과의 스킨십을 넓혔다.

그리고 경기가 끝난 이튿날에는 감독과 단둘이 밥을 먹거나 차를 마시며 대화의 시간을 가졌다. 감독에게는 결코 편한 시간은 아니었을 것이다. 아무리 내가 감독의 고유 권한을 보장해주려고 노력한다고 하더라도 사장과 직접 마주 앉아 전날 경기를 총평하고 선수들 한 명 한 명에 대해 얘기를 나누는 시간은 때로는 곤혹스러웠을 것이다.

하지만 사장으로 있는 동안 단 한 번도 빼놓지 않고 그렇게 했다. 처음에는 불편해 하던 감독도 서서히 마음을 열기 시작했고, 시간이 지날수록 사장과 감독의 관계가 아니라 때로는 감독과 코치, 코치와 선수, 팬과 선수의 입장에서 대화를 나눌

대전시티즌 홈경기 전 시축. 말도 많았던 대전시티즌 사장 취임. 모든 우려를 하늘 높이 차 올렸다.

수 있었다. 이런 시간이 있었기 때문에 시즌 초반부터 시즌 막판까지 최강의 전력으로 최상의 성적을 유지할 수 있었다고 자신한다.

몇 차례 팀이 위기에 봉착한 적이 있었다. 그럴 때면 선수단과 코칭스태프는 물론 프런트의 말단 직원과 심지어 운전기사까지 모두 한자리에 모여 토론을 벌이기도 했다. 물론 각자의 역할이 다르고 위치가 다르지만 그렇게 다른 역할과 위치에 있는 사람들이 때로는 더 분위기를 정확하게 감지하고 문제점을 예리하게 파악하기도 한다. 설사 뾰족한 대안이 나오지 않더라도 '우리는 하나의 팀'이라는 마음을 갖도록 하는 것만으로도 큰 의미가 있었다.

그리고 선수들 못지 않게 관심을 기울인 것이 프런트다. 눈에 보이지 않는 곳에서 중요한 역할을 하는 사람들이다. 이들의 역할은 단 하나다. 선수들이 훈련하고, 경기를 하고, 쉴 수 있도록 모든 행정적 지원을 하는 것. 선수들이 마실 물, 땀을 닦을 수건 하나까지 챙겨야 하는 게 프런트의 역할이다. 가끔 선수들의 인터뷰 진행을 돕거나 이벤트 준비를 위해 모습을 드러내지만 그라운드에서는 절대 이들의 모습을 볼 수 없다.

잘 되는 팀과 잘 안되는 팀을 구별하는 방법은 하나다. 선수들과 프런트의 관계가 어떤지를 보면 그 팀의 분위기를 알 수 있다. 성적이 좋은 팀, 분위기가 좋은 팀은 선수와 프런트의 손발이 잘 맞는다. 프런트는 선수를 위해 일한다는 마음자세가 확실하고, 선수들 역시 프런트는 우리를 도와주고 지원해주는 동료들이라는 인식이 분명하다. 하지만 성적이 좋지 않거나 분위기가 좋지 않은 팀은 선수와 프런트의 관계도 어색하다.

그들의 잘못이 아니다. 선수와 프런트는 액수와 돈을 받는 방식, 고용 기간은 다르지만 자신이 일한 만큼 돈을 받는다는 점에서는 똑같이 프로다. 승리를 향해 같이 준비하고 같이 호흡하며 함께 땀을 흘린다는 면에서는 위아래가 없다. 선수는 경기에서 승패를 책임지고 프런트는 지원으로 구단 운영을 책임진다. 선수와 프런트가 화합하고 손발이 맞도록 만드는 것이 결국 리더의 역할이라고 생각한다.

지금도 그때 함께 일했던 대전시티즌 직원들을 생각하면 미안하고 마음이 무겁다. 그들은 나와 함께 기꺼이 희생을 선택했다. '우리는 가난한 구단이다. 그렇지만 최대한의 성과를 내야 한다' 고 몰아치는 사장 때문에 휴일도 없이 고생을 해야 했다. 할 일은 많아졌는데 오히려 인원은 줄었다. 내가 부임하기 전까지 2~3명이 했던 일을 1명이 맡아서 했다. 사실상 급여도 줄었다. 그래도 그들은 나를 믿고 따라줬으며 선수들과 함께 리그 우승과 1부 승격이라는 값진 열매를 수확했다.

사장으로 부임하고 처음으로 프런트들과 대면했을 때가 생각난다. 크게 세 가지를 강조했다. 첫째는 구단의 공동 목표를 세우고 이것을 위해 헌신해 달라. 둘째는 시민구단의 가치를 다시 세우는데 노력해 달라. 셋째는 앞으로 3개월 동안 모든 것을 제자리에 갖다 놓자.

개인 회사로 치면 나는 악덕업주에 가까웠을지도 모른다. 해주는 것은 별로 없으면서 쉴 새 없이 일만 주문했기 때문이다. 다행히 프런트들은 나를 믿고 따라줬다. 그나마 '나' 라고 말하지 않고 '우리' 라고 하고, '가라' 고 하지 않고 '가자' 고 하고, 책임을 지우지 않고 책임을 지는 모습을 보였기 때문이라고 믿는다.

앞으로 무슨 일을 하든 이런 리더의 덕목을 잊지 않을 것이다

우승일지 24R(8월 30일)

우려가 현실로

어느덧 8월이 지났고 시즌도 24라운드까지 왔다. 선수들은 많이 지쳤지만 잦은 휴식이 오히려 선수들의 컨디션을 끌어올리는데 방해가 되고 있었다. 뭔가 조치가 필요했다. 일단 대전월드컵경기장에서 홈경기로 치러지는 24라운드를 지켜봐야 했다. 대전은 안방에서 대구 FC를 상대로 한 이 경기에서 1-0으로 승리했다. 하지만 여러 가지 우려가 현실로 나타난 경기였다. 대전은 우세한 흐름을 잡고도 대구의 강력한 수비 조직에 막혀 번번이 공격 찬스를 놓쳤다. 다만 아드리아노의 골은 반가웠다. 아드리아노가 이날 한 달 만에 골을 터뜨렸고, 그 골은 그대로 결승골이 되었다. 시즌 21호 골. 대전의 안방불패 신화도 건재했다. 아드리아노의 결승골에 힘입어 대전은 16승5무2패, 승점 53점을 기록하며 리그 선두를 질주했다. 홈경기 무패 기록을 14경기(12승2무)로 늘리며 신기록 행진을 이어갔다.

자의종군(紫衣從軍)의 심정으로 순수하게 팬의 한 사람으로 돌아가 대전시티즌의 선전을 응원하고 있다.

"사람들을 자르시오"

대전시생활체육회 사무처장으로 임명됐는데 뜻하지 않게 이런 저런 얘기들이 들려오기 시작했다. 생활체육 조직 전체가 선거에서 다른 후보를 도왔다는 얘기도 들렸다. 그런데 점점 수위가 높은 얘기들이 들려오기 시작했다. 선거에 개입한 사무처 직원들을 바꿔야 한다고 얘기하는 사람도 있었다.

〈만약 고교 야구부 매니저가 피터 드러커를 읽는다면〉이라는 다소 긴 제목의 책이 생각났다. 제목은 길지만 책은 그렇게 두껍지 않고 어렵지도 않아 재미있게 읽었던 기억이 난다. 처음에는 스포츠 관련 책인 줄 알고 페이지를 열었는데 알고 보니 피터 드러커의 〈매니지먼트〉라는 경영 고전을 알기 쉽게 소설 형식으로 풀어쓴 책이었다.

고교 야구부의 신인 매니저가 된 한 소녀가 우연히 경영학자 피터 드러커의 〈매니지먼트〉를 읽게 된다. 그리고 책에서 배운 피터 드러커의 경영 철학을 야구부 운영에 하나씩 적용한다. 드러커는 그 책에서 이렇게 조언한다. '고객에게 무엇을 팔 것인지가 아니라 고객이 무엇을 원하는지를 찾아라.' 야구부의 고객들이 원하는 것이 '감동' 이었다.

이 소녀처럼 피터 드러커의 경영 철학을 그대로 시생활체육회에 적용한 것은 아니지만, 내가 가장 먼저 고민한 것은 '시생활체육회의 고객이 무엇을 원하는지를 찾자' 였다. 생활체육 동호인들과 시민들이 가장 원하는 게 사무처 직원들을 바꾸는 것일까? 그것은 아닌 것 같았다. 보다 더 나은 서비스, 감동을 주는 서비스라고 생각했다.

그렇다면 내가 주력할 목표는 그것이었다. 그 목표를 향해 가자고 하는데 직원들이 반대하거나 가지 못하겠다고 하면 그것은 어쩔 수 없는 일이지만, 그들도 시생활체육회에서 나름대로 자신들의 전문 분야를 구축한 사람들이다. 반대하거나 함께 가지 못하겠다고 하는 직원은 없을 것이라는 믿음이 있었다.

욕은 내가 먹고 책임도 내가 지기로 마음먹었다. 시생활체육회 사무처장으로 부임한 뒤 직원들에게 말했다.

"누가 뭐래도 나는 여러분과 같이 간다."

처음에는 믿지 않는 눈치였다. 오래된 직원들은 오래된 데로 이미 여러 사람을 거쳤다. 야심 차게 포부를 밝혔다가도 어느새 흐지부지되는 것을 숱하게 지켜봤을 것이다.

실제로 처음 출근하니 한 간부 직원이 '아주 편한 자세'로 나를 맞았다. 그의 표정에 쓰여 있었다. '새파랗게 젊은 네가 뭘 알겠냐. 말들은 다 그렇게 하지만 여기서 편하게 있다가 갈 생각인 거다 아니 조용히 있다 가라.' 자격지심일지도 모르겠다. 하지만 그는 그런 표정을 애써 감추지 않았다. 사무처장은 몇 시에 출근해서 몇 시에 퇴근하면 되는지 묻자 이런 대답이 돌아오기도 했다.

"그냥 편하신 대로 하세요."

그때 인위적인 물갈이는 없겠지만 두 가지를 실천하겠다고 결심했다. 모든 업무는 규정과 원칙대로 한다. 나 스스로 생각할 때 매사에 원칙만 강조하는 에프엠(FM) 인간형은 아니라고 생각한다. 1년이든 2년이든, 아니면 4년이든 여기에 있는 동안만큼은 에프엠 인간형이 되자고 마음먹었다.

그리고 또 하나 천명했다. '내가 사무처장으로 있는 동안은 절대 선거에 개입하지 않는다.' 그것은 나중에 대전시티즌에서도 마찬가지였다. 비록 임명권자가 시장이고, 시장이 바뀌면 다른 사무처장이 오는 조직이지만 그렇다고 해서 직원들까지 선거에 휩싸인다면 그 조직은 제대로 된 역할을 하기가 어렵다.

무엇보다 나의 모든 것을 내려놨다. 사무처장 업무추진비가 연 400만 원 정도가 나왔다. 많다면 많고 적다면 적은 액수였다. 나

대전시생활체육회 가족들과의 산행. 내가 사무처장으로 있는 동안 사무처 직원들과
지도자 선생님들도 굵직한 행사를 치르고 각종 제도를 정비하느라 정말 고생이 많았다.

중에 내 업무추진비를 80만 원까지 줄였고 남은 돈은 직원들 성과상여금에 보태도록 했다. 대신 운전해주는 관행도 없앴다. 사무처장인 나부터 직접 운전을 하고 부장들도 그렇게 했다.

또 일하는 분위기를 만들기 위해 여직원 차 심부름의 관행도 없앴다. 나를 만나러 온 손님이 오면 내가 직접 커피를 탔다. 그리고 직원 상호 간에 반말 쓰는 것을 금지하고 존칭을 쓰도록 했다.

처음 사무처장으로 갔을 때 시생활체육회 한 해 예산은 10억 원 정도였다. 내가 임기를 그만두고 나올 때 예산은 40억 원으로 4배 정도 늘었다. 대전의 생활체육 동호인도 20만 명에 40만 명으로 2배 가량 많아졌다. 대전시티즌 사장을 지내면서도 마찬가지 생각이 들었지만 나는 '돈이 없어 운영을 제대로 할 수 없다'는 말을 믿지 않는다. 돈이 없는데도 돈을 쓰기 때문에 운영이 제대로 되지 않는 것이다.

가는 곳마다 직원들에게 미안하다. 대전시티즌 사장으로 가서도 맨 먼저 실천한 게 나의 기득권을 내려놓은 일이었다. 그래야 직원들이 나를 믿고 따라줄 것 아니겠는가. 사장은, 사무처장은 개인적으로 누릴 거 다 누리면서 직원들에게 그동안 누렸던 기득권을 포기하라고 하면 누가 따르겠는가. 아마 내가 직원이라도 반발했을 것이다.

피터 드러커의 경영 철학을 적용한 그 야구부는 고시엔에 진출한다. 시생활체육회가 고시엔에 진출한 것은 아니지만 그 이상으로 의미 있는 일을 많이 했다. 다른 것은 몰라도 그 책에서 말하는 경영 철학 세 가지는 아직도 기억한다. 그리고 적어도 그 세 가지는 실천하려고 노력했던 것 같다.

"변화를 원할 때는 기본으로 돌아가라."
"관중을 움직이는 것은 감동이다."
"사람의 장점을 살려 조직을 움직여라."

우승일지 25R(9월 7일)

마(魔)의 9월

마(魔)의 9월이 시작됐다. 순연된 경기까지 6경기를 9월에 치러야 한다. 남은 12경기 가운데 무려 절반이다. 안 그래도 시즌 후반으로 접어들면서 선수들의 몸이 눈에 띄게 무거워지기 시작했다. 시즌 초반처럼 3~4골을 터뜨리는 화끈한 공격력을 과시하는 경기를 좀처럼 찾기 어렵다. 더구나 아시안게임 대표팀에 측면 수비수의 핵심인 임창우가 차출된 상황이다. 임창우 선수 개인적으로도, 대전으로서도 챌린지에서 국가대표를 배출했다는 점에서는 더 없는 영광이다. 하지만 팀 성적을 고려할 수밖에 없는 현실이다. 다행히 대전은 강원 FC와의 25라운드 원정에서 2-1로 승리했다. 이날 승리로 대전은 8경기 연속 무패(5승 3무)와 선두 자리를 굳게 지켰다. 한가위 명절을 앞두고 대전 시민들에게 승리의 선물을 드릴 수 있어 만족스러웠다. 경기 후 선수단과도 저녁식사를 함께 하며 명절 인사를 나눴다. 경기가 끝난 후 명절 연휴에는 숙소에 남아있는 선수들에게 차례 음식과 용돈을 전달했다.

기쁘냐, 나도 기쁘다.
기쁨을 함께 나눌 수 있는 동지, 우리는 누가 뭐래도 하나다.

어쩔 수 없는 오해들

한가위 연휴 기간에 영화 〈사도〉를 보았다. 영조와 사도세자, 그리고 그의 아들 정조까지의 얘기는 숱하게 소설이나 영화로 만들어졌다. 아무리 얘기를 해도 또 할 얘기가 남아 있을 정도로 조선왕조에서 몇 안 되는 가장 비극적이고 드라마틱한 스토리다.

〈사도〉는 아버지가 아들을 뒤주에 가둬 죽이는 영조와 사도세자의 비극적인 스토리를 다룬 영화다. 영조의 잘못인지, 사도세자의 잘못인지 여전히 의견이 엇갈리지만 내가 영화를 보며 새삼스럽게 주목한 대목은 부자지간의 오해다. 아버지와 아들의 관계는 왕과 후계를 이을 왕자라는 관계를 극복하지 못한다. 오해의 간극을 좁히기에 어쩌면 그들은 너무 먼 관계였다.

즐겨 보진 않지만 TV 드라마에서도 '오해'는 흔한 소재이다. 어떤 때는 왜 저걸 오해하고, 왜 그런 오해도 풀지 못하냐고 답답해하면서 보지만 그것이 TV에 눈길을 고정시키는 장치라는 걸 아는 사람은 안다. 어찌 됐든 영화에서도 드라마에서도 오해를 자주 소재로 삼는 것은 인간사, 세상사가 오해의 연속이기 때문이 아닐까 하는 생각도 하게 된다.

이처럼 오해는 글자 그대로 일상다반사이니 너무 연연해하지 말자고 말할 수 있지만 어떤 자리에 있을 때는 얘기가 달라진다. 작은 오해가 큰 분란의 불씨를 가져오기도 한다.

살면서 모든 일이 내 뜻대로 된다면 얼마나 좋을까? 하지만 세상 일이 그리 호락호락하지 않다는 것을 많은 선배님들의 충고와 조언으로 이미 알고 있다. 그래서 어떤 곳에서 어떤 일을 하든 크게 욕심내지 않으려고 노력한다. 그런데 이렇게 마음먹은 게 가끔 흔들릴 때가 있다. 주로 내 의지나 행동이 의도와는 전혀 다르게 다른 사람들에게 비칠 때다.

주변 선배님들은 자주 나에게 충고한다. 그것조차 포기할 줄 알아야 더 큰 일을 할 수 있다고. 다른 사람이 나를 어떻게 생각하느냐에 따라 일희일비하는 것처럼 소모적인 삶도 없다고. 그런 일들에 신경 쓰다 보면 결국 '나의 삶'을 살지 못한다는 건데 십분 이해하고 동의한다.

나는 엄밀하게 말해 순도 100%의 정치인은 아니다. 하지만 대학을 졸업하고 사회에 첫 발을 내디딘 지 얼마 되지 않아 소위 말하는 선거판에 뛰어들어 청춘을 바쳤으니 이제는 정치인이라고 불려도 무방할 것 같다. 정치인은 특히 자기의 의지와는 관계없이 많은 오해를 받는다.

대전시티즌 사장으로 재임하면서 나 역시 본의 아니게 오해를 받는 일이 있었다. 어떤 일에는 나도 '정면 돌파'의 승부수를 던지기도 했다. 글쎄, 그것이 그런 오해를 풀고 문제를 해결하는데 어느 정도 도움이 됐는지는 판단하기 어렵다.

다만 어떤 경우에는 문제가 더 확산되고 부풀려지기 전에 적극적으로 차단하는 일 효과적이기도 했고, 또 어떤 경우에는 문제가 곪을 대로 곪아 터지기 일보 직전까지 차라리 기다리는 것이 더 나을 때도 있었다. 어떤 것이 나을지 판단하기란 쉽지 않다. 아니 불가능에 가깝다. 그 판단을 적절하게 내릴 줄 아는 것이 결국 '정치적 감각'이라는 생각이 든다.

몇 번의 오해가 있었지만 그런대로 잘 문제를 풀었다고 생각한다. 그것은 나만의 판단이라기 보다는 늘 이런 멘토들의 따뜻한 조언이 있었기 때문에 가능했다. 그런데 딱 한 번 정말 아무것도 하지 못하고, 어떤 조언도 효과가 없었던 일이 있었다. 문제의 성격이 너무 예민하고 복잡했다. 그래서 어떻게 해야 하는지 알면서도 아무것도 할 수 없었다.

2014년, 오로지 경기와 승리에만 나의 모든 것을 집중하고 있었다. 다른 일은 돌아볼 겨를이 없었다. 그러다 보니 오히려 오해받을 일이 생겼고, 본의 아니게 나한테 서운해하는 사람도 있었다. 대부분은 대전시티즌의 상황이 어떤지 나보다 더 잘 아니까 이해해주고 넘어갔지만 그렇지 않은 사람들도 적지 않았다.

그 와중에 지방선거가 있었다. 내가 어떤 입장과 자세를 취해도 선거의 바람으로부터 피해 가기 어려울 것이라는 사실을 예감했다. 원칙은 정했다. '절대 중립' 무슨 일이 있어도 절대 중립. 그게 얼마나 어려운지 누구보다 잘 알지만 그 원칙을 정할

대전시티즌 사장 재임 기간동안, 또 하나 공을 들였던 것은 유소년팀 육성이었다.

수밖에 없었고 그 원칙을 나부터 따라야 했다.

일은 엉뚱한 데서 터졌다. 선거를 앞두고 대전시티즌 유소년 팀 학부모 간담회가 열렸는데 그 자리에 모 대전시장 후보가 참석한 것이다.

현장에 있던 학부모들이 반발했고, 다른 일정이 있던 나는 뒤늦게 연락을 받고 급히 그 자리로 달려갔다. 대전시티즌이나 해당 후보를 초청한 것도 아니고, 간담회를 연다고 알려준 사실도 없다고 설명했지만 오해는 쉽게 풀리지 않았다.

앞에서도 언급했지만 유소년 팀 육성은 대전시티즌의 성적만큼이나 각별하게 신경 썼던 부분이다. 한국 축구의 미래가 거기에 있다고 믿었고, 지금도 그렇게 믿고 있다. 무엇보다 유소년 팀 선수들과 학부모들에게 죄송했다.

선거운동이 시작되면 후보들은 어떤 자리든 가서 인사를 하고 싶어 한다. 사람들이 모여 있는 자리라면 아무리 바빠도, 아무리 멀어도 달려가게 마련이다. 문제는 한 후보만 참석했다는 것이다. 이게 오해의 불씨가 됐다. 그 당시에도 떳떳하게 말했지만 나는 선거 중립을 지키기 위해 누구보다 노력했고, 그것을 실천했다고 자신 있게 말할 수 있다. 물론 이런 '선거 중립'의 원칙 역시 누군가에겐 당연히 서운한 얘기로 들릴 것이다.

정치인이 아니더라도 오해로 얽힌 실타래를 아주 쉽게 간단하게 푸는 사람들이 있다. 글자 그대로 '동물적'이라는 표현이

어울리는 그런 사람들. 늘 부럽다. 하지만 모든 것을 갖추기는 어렵다. 내가 그러지 못하면 그런 사람을 주변에 지인으로 많이 두면 그것도 큰 재산이다. 그런 사람들을 '멘토' 라고 부르는데 늘 배우려고 애쓴다.

하지만 가장 중요한 것은 오해받지 않도록 행동하는 것이라고 생각한다. 내가 원하든 원하지 않든 불필요한 오해 때문에 누군가 상처받는 사람이 있게 마련이다. 사람들의 마음을 얻고, 마음의 상처를 씻어주는 일에 조금이라도 힘을 보태며 살자고 마음먹었는데 오히려 상처를 준다면 그것은 스스로도 받아들이기 힘들다.

더 많이 살피며 살아가겠다는 다짐을 하고, 또 한다.

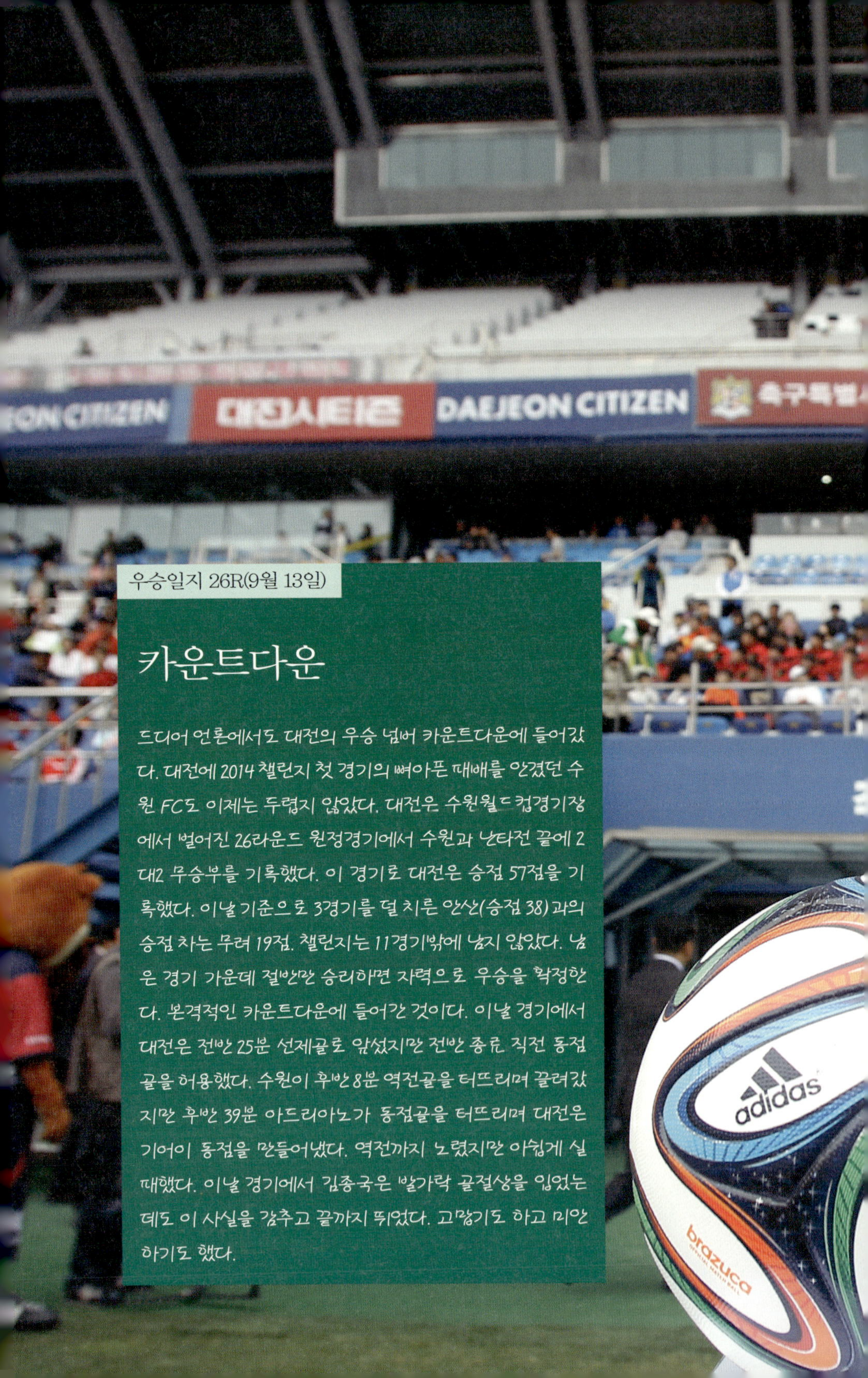

우승일지 26R(9월 13일)

카운트다운

드디어 언론에서도 대전의 우승 넘버 카운트다운에 들어갔다. 대전에 2014 챌린지 첫 경기의 뼈아픈 패배를 안겼던 수원 FC도 이제는 두렵지 않았다. 대전은 수원월드컵경기장에서 벌어진 26라운드 원정경기에서 수원과 난타전 끝에 2대2 무승부를 기록했다. 이 경기로 대전은 승점 57점을 기록했다. 이날 기준으로 3경기를 덜 치른 안산(승점 38)과의 승점 차는 무려 19점. 챌린지는 11경기밖에 남지 않았다. 남은 경기 가운데 절반만 승리하면 자력으로 우승을 확정한다. 본격적인 카운트다운에 들어간 것이다. 이날 경기에서 대전은 전반 25분 선제골로 앞섰지만 전반 종료 직전 동점골을 허용했다. 수원이 후반 8분 역전골을 터뜨리며 끌려갔지만 후반 39분 아드리아노가 동점골을 터뜨리며 대전은 기어이 동점을 만들어냈다. 역전까지 노렸지만 아쉽게 실패했다. 이날 경기에서 김종국은 발가락 골절상을 입었는데도 이 사실을 감추고 끝까지 뛰었다. 고맙기도 하고 미안하기도 했다.

그라운드와 축구공만 바라보며 1년을 지냈지만
어쩔 수 없는 '오해'를 받기도 했다.

히말라야에 가다

지인의 추천으로 우연히 〈꾸뻬 씨의 행복 여행〉이라는 소설을 읽은 적이 있다. 파리에서 정신과 의사로 일하고 있는 꾸뻬 씨는 '불행하지도 않으면서 불행해하는 사람들을 보면서 점점 더 피곤해졌고, 마침내는 그 자신 역시 점점 불행' 해져 갔다. 꾸뻬 씨는 세상 모든 곳에서 무엇이 사람들을 행복하게 하고 무엇이 불행하게 하는가를 찾기 위해 여행을 떠난다.

가장 기억에 남는 대목은 히말라야 기슭에 있는 한 사원에서 노승을 만나 대화를 나누는 장면이다. 꾸뻬 씨가 불행, 혹은 행복에 관해 지혜로운 말을 해줄 수 있느냐고 묻자 노승은 이렇게 말한다.

"첫 번째 원인은 사람들이 행복을 '목표' 라고 믿는 데 있소."

이런 노승을 만난 적도 없고, 이런 질문을 한 적도 없지만 여행이 행복에 대한 대답을 찾는 지름길 가운데 하나라는데에는 동의한다. 그래서 여행을 좋아한다. 물론 반드시 행복에 대한 대답을 찾기 위해서는 아니다. 이 소설이 말하는 것처럼 행복은 목표가 아니다. 지금, 매 순간 거쳐야 할 과정이다. 이 책을 읽고 기회가 생긴다면 꼭 히말라야를 가야겠다는 마음을 더 굳히게 됐다.

아무 문제없이 임기를 마치고 싶었다. 사실 큰 문제는 없었다. 사고 칠 일이 거의 없었기 때문이다. 단 한 경기도 빼놓지 않고 경기장에서 직접 선수들의 경기를 지켜봤다. 대부분은 내가 직접 차를 몰고 다녔다. 사고는 욕심을 부릴 때 터진다. 욕심을 부린 유일한 일은 선수들과 더 많이 소통하고 같이 호흡하고 싶다는 바람뿐이었다.

무난하게 임기를 마쳤다고 자부하지만 전혀 문제가 없었던 것은 아니다. 공교롭게도 모두 해외에 나간 것과 관련이 있다. 가장 큰 '사고'는 역시 히말라야 안나푸르나 트레킹이었을 것이다. 일정은 12월 26일부터 1월 5일까지였다.

문제 될 것은 없었다. 단지 시기가 조금 민감했을 뿐이다. 이때는 나의 임기 문제를 놓고 한창 논란이 불거질 때였다. 면담을 통해 '결정을 해 달라'는 메시지를 전달한 지 한 달이 다 되어서야 '그만 두라'는 통보를 받은 상태였다. 이번에는 내가 생각할 시간이 필요했고 히말라야행 비행기에 올랐다.

그런 민감한 시기에 굳이 히말라야 트레킹을 꼭 갔어야 했냐고 따진다면 할 말은 없다. 히말라야행이 문제가 아니라 시기가 문제였다면 나도 생각이 짧았다는 것을 인정할 수 있다. 하지만 일각에서 지적한 것처럼

무거운 짐을 내려놓고 오른 히말라야 안나푸르나 정상. 마음을 내려놓으니 웃을 수 있었다.

“사퇴설이 나돌고 있는 김세환 사장이 자신을 대전시티즌 사장에 임명한 염홍철 전 대전시장과 트레킹을 떠난 것은 부적절하다."라고 말하는 것에 대해서는 개인적으로 수긍할 수 없다.

이제 와서 이런 지적이 잘못됐다고 따지자는 것은 아니다. 하지만 사실과 다른데다 억울한 부분이 많았다. 히말라야 트레킹은 이미 오래전부터 계획되어 있었던 일정이다. 아무리 가기가 편해졌다고는 해도 아무 때나 쉽게 떠날 수 있는 곳은 아니다. 일행 대부분이 이미 오래전에 계획을 세우고 일정을 비워 뒀다. 나 역시 오래전 구단과 대전시 측에 말해놓은 상태였고 당연히 연가를 썼다.

더구나 이미 나는 사실상 '해임' 통보를 받은 상태였다. 그리고 생각할 시간을 달라고 요청했다. 그때 만약 히말라야 트레킹이 없었다면 더 힘든 시간을 보냈으리라. 힘겹고 다사다난했던 지난 1년의 시간을 돌아볼 수 있는 좋은 기회였다. 무엇보다 그곳에서 이제 모든 것을 내려놔야겠다고 마음을 비웠다. 트레킹에 동행했던 분들도 내가 그런 방향으로 생각을 정리할 수 있도록 조언을 아끼지 않았다.

또 한 번은 시즌 중에 프런트들과 중국으로 워크숍을 간 일이었다. 우승도 확정되지 않고 시즌도 끝나지 않았는데 해외로 워크숍을 갈 수 있느냐는 비난 여론이 일었다.

직원들은 시즌 후가 더 바쁘다. 그리고 직원들 해외 연수는 어쩌면 내가 임기로 있는 동안 프런트들이 받은 유일한 보상이었을 것이다. 임기 초반 약속했다. "여러분들이 희생해주는 만큼 보상을 못할 수도 있다. 대신 성적이 잘 나오면 사비를 들여서라도 해외 워크숍을 가겠다."

토요일과 일요일, 그리고 하루 월차를 낸 월요일까지 2박 3일의 일정으로 잡았다. 공교롭게 우승을 확정 지을 것이라고 예상했던 날 다른 팀의 경기 결과로 우승이 늦춰졌다.

그때 일을 생각하면 지금도 직원들에게 미안하다. 가까운 중국으로, 그것도 겨우 2박 3일의 일정으로 해외 워크숍을 떠나는 바람에 고생은 고생대로 하고 욕을 먹어야 했다. 임기 동안 더 잘해주지 못하고, 고생한 만큼의 보상을 해주지 못해 늘 마음에 걸린다.

당시 히말라야 트레킹을 가고, 프런트들과 중국 워크숍을 갔던 것에 대해 이런저런 오해가 있을 수 있다는 점, 인정한다. 하지만 그때는 아무리 사퇴를 목전에 두고 있다고 하더라도 오래전부터 계획하고 약속했던 일들을 마무리하는 것이 임기를 잘 마무리하고, 약속을 지키는 것이라고 믿었다. 물론 불필요한 오해가 생기지 않도록 더 지혜롭게 행동하겠지만 앞으로도 그럴 것 같다.

단순히 '여행'을 떠난 것은 아니더라도 다시 책의 얘기로 마무리하고 싶다. 여행을 마치고 돌아온 뒤 꾸뻬 씨는 자신을 찾아오는 (불행하지도 않으면서 불행하다고 생각하는) 사람들에게 이런 글귀가 적힌 카드를 선물하기를 좋아하게 됐다고 한다.

'춤추라, 아무도 바라보고 있지 않은 것처럼.'
'사랑하라, 한 번도 상처받지 않은 것처럼.'
'노래하라, 아무도 듣고 있지 않은 것처럼.'
'살라, 오늘이 마지막 날인 것처럼.'

당시 36세로 전국 시 · 도생활체육회 사무처장 가운데 가장 어렸다.

한밭종합경기장에서 2만명이 함께한 2012 전국 생활체육대축전 체육으로 하나된
국민의 축제이다.

우승일지 27R(9월 17일)

뼈아픈 일격

경기는 많고, 대표 팀 차출에 주전들의 줄부상, 경고 누적까지. 힘겨운 9월이 될 것이라는 예측은 적중했다. 패배 직전까지 갔다가 극적인 동점골을 터뜨리고 상대의 밀집수비에 고전하다가도 기어이 골을 뽑아내 한 점 차 승리를 일궈내던 챌린지 최강팀 대전이었다. 하지만 얇은 선수층으로 모든 경기에서 최선의 결과를 내기에는 역부족이었다. 결국 대전은 10경기 만에 패배의 쓴맛을 보게 된다. 대전은 대전월드컵경기장에서 열린 27라운드 홈경기에서 후반 경기 종료 5분을 남기고 광주의 디에고에게 통한의 결승골을 내주고 0–1로 패했다. 최근 9경기에서 5승 4무의 상승세를 이어가며 최종 우승을 위해 카운트다운에 들어갔지만 뼈아픈 일격을 당한 것이다. 이날 패배로 지난해 11월부터 지키던 홈 14경기 연속 무패(12승 2무)기록 행진도 멈췄다. 반면 대전을 잡은 광주는 4위로 올라서며 K리그 클래식 승격이라는 희망의 불씨를 다시 붙일 수 있었다. 희비가 교차하는 아쉬운 경기였다.

한 일, 안한 일, 못한 일

거듭 말하지만 어디를 가나 직원들에게 늘 미안했다. 대전시 생활체육회 사무처장을 맡을 때도 마찬가지였다. 내가 사무처장으로 있던 4년 동안 굵직한 행사들이 많았다. 2011년 전국어르신생활체육대회, 2012년 전국생활체육대축전, 2013년 세계한민족축전 등 거의 매년 전국 규모의 행사를 치렀다.

그냥 있으면 편했을텐데 사무처장 잘못 만나는 바람에 고생했다는 생각을 하면 지금도 미안하다. 하지만 시생활체육회도 뭔가 전환점이 필요했다. 그저 생활체육 동호인을 지원하는 일로만 그쳐서는 조직의 힘을 키우고 체계화하는데 한계가 있었다. 그래서 사무처장으로 임명되자마자 전국생활체육대축전을 유치하자고 대전시를 설득했다.

그런데 이상한 일이 생겼다. 사무처장으로 임명됐지만 국민생활체육회에서 나에 대한 인준을 차일피일 미뤘다. 들리는 얘기로는 나이가 너무 어려서 그렇다는 것이다. 이해가 안 됐지만 나로서는 어쩔 수 없는 노릇이었다.

마침 당시에 김태호 국무총리 후보가 내정됐다. 그는 40대 후반이었다. 일각에서 '너무 젊다' 는 지적이 나오기도 했지만 '나이가 문제될 것은 없다' 는 여론이 지배적이었다.

나이는 더 이상 단점이나 약점이 아니었다. 그런 정서가 작용했기 때문인지 나로서는 정확히 알 수 없지만 어찌 됐든 총리 인준 정국을 틈타 나는 정식으로 인준을 받았다.

그렇게 뒤늦게 인준을 받고 대전시의 승낙을 받은 뒤 나는 본격적으로 전국생활체육대축전 유치전에 나섰다.

서울을 오가며 국민생활체육회 관계자들을 설득하고 회장도 만나 왜 대전에서 그 행사가 열려야 하는지 설명하고 설득했다.

처음에는 고개를 갸우뚱하던 관계자들도 조금씩 마음을 열기 시작했다. 우수한 인프라를 갖추고 있는데도 그동안 한 번도 대전에서 열리지 않았다는 것을 생활체육 동호인들이 의아해한다는 설득 전략이 주효했다.

사무처장으로 일한 4년의 시간은 개인적으로도 많은 발전을 이룰 수 있는 계기가 됐다. 무엇보다 잠시 접어뒀던 학구열을 다시 지필 수 있는 기회였다. 사무처에 스포츠 사회학을 전공한 직원이 한 명 있었는데 그 직원은 생활체육은 물론 스포츠 전반에 대한 조예가 깊었다. 얘기를 나누면서 스포츠가 단순히 운동경기가 아니라 사회적으로 얼마나 중요한 분야인지를 새삼 깨달았다. 또 스포츠 사회학이라는 학문 분야가 있다는 사실도 그 직원을 통해 알게 됐다.

충남대학교 대학원 박사과정 문을 두드렸다. 현재 국민체육진흥공단 이사장을 맡고 있는 이창섭 교수님이 지도교수다. 생활체육회 사무처장을 맡으면서 박사 과정을 밟는 것은 쉽지 않았지만 일과 연결된 학문을 접하는 것은 새로운 경험이었다. 또 엘리트 체육부터 생활체육까지 국내 스포츠 분야에 대한 전체적인 이해를 넓힐 수 있는 소중한 기회였다.

나는 직원에게 자극을 받아 공부를 다시 시작하고, 나 또한 다른 직원들에게 자극제가 됐다. 또 다른 직원이 자기도 더 전문적으로 공부를 해보고 싶다고 석사과정에 들어갔다. 생활체육 지도자 몇 명도 대학원에 진학했다. 시생활체육회에 공부하는 분위기를 전파한 것은 사무처장을 맡으면서 그나마 내가 잘한 일 가운데 하나라고 지금도 자랑을 하고 다닌다. 충분히 자랑할 만한 일이라고 지금도 생각한다.

물론 이렇게 좋은 일만 있었던 것은 아니다. 피하고 싶었던 일, 마주하고 싶지 않았던 일들도 적지 않았다. 생활체육회 사무처장을 맡은 뒤 직원을 새로 뽑을 일이 생겼다. 어떻게 알았

국민체력 100사업 건강증진센터 개소식 대전시와 문화관광부
그리고 국민체육진흥공단을 끈질기게 설득한 결과물이다.

는지 곳곳에서 청탁이 들어왔다.

후에 대전시티즌 사장을 맡을 때도 비슷한 경험을 했지만 그 청탁이란 것이 내가 감당할 수 없는 수준에서 들어오는 게 문제였다. 다른 사람들의 청탁은 적당하게 둘러대고 또 거절할 수 있었지만 한 명이 문제였다.

원칙에서 예외는 없다. 아무리 사소하더라도 예외를 두는 순간 그 원칙은 깨진다. 조금 서운하고 못마땅해도 그 원칙 때문에 나의 결정과 선택을 인정하고 받아들였던 사람들도 정말로 등을 돌리게 된다. 무조건 절차에 따른 공개채용을 진행하기로 결정했다. 청탁은 자연스럽게 받아들여지지 않았다.

청탁을 했던 분의 서운함이 컸을 것이다. 배신감까지 느꼈을 것이다. 많이 죄송했고 심정적으로 부담도 컸다. 사무처장 퇴임식 때도 이 일을 언급하며 간접적으로 죄송하다는 뜻을 전했다. 임기를 마치면서 그분과의 관계도 회복할 수 있기를 기대했다. 하지만 이런 나의 뜻이 제대로 전달된 것 같지는 않다. 이 자리를 빌어 다시 한 번 죄송하다는 말씀을 드리고 싶다. 그리고 이제는 넉넉히 이해해 주시길 당부드리고 싶다.

시생활체육회는 대전시민, 그리고 대전의 생활체육 동호인들을 위한 조직이다. 시생활체육회가 진정한 대전시민의, 생활체육 동호인들의 조직이었느냐고 누군가 반문한다면 자신 있게 '그렇다' 고 답할 수 없는 처지였다. 정치에 휘둘렸고 외풍에 시달렸다. 이런 작은 일 하나하나부터 원칙을 지켜야 한다고 판단했다. 그 생각에는 지금도 변함이 없다. 그런 큰 차원에서 넉넉히 이해해 주시길 다시 한 번 당부드린다.

시생활체육회 사무처장을 떠나면서 가장 아쉬웠던 일은 생활체육 지도자들의 위상과 처우를 제대로 개선하지 못하고 떠났다는 것이다. 임기 동안 최선의 노력을 기울였지만 지방 생활체육회에서 해줄 수 있는 것은 한계가 있었다. 이 아쉬움은 잊지 않고 가슴에 담아두고 있다. 언젠가 내가 정책을 고치고 새로운 제도를 만들 수 있는 위치에 가게 된다면 이 일만은 반드시 실현시킬 생각이다.

생활체육 일선 지도자들은 지금도 그들의 하는 일이나 중요성에 비해 위상과 처우가 너무 열악하다.

언제 어디서나 생각만으로도 가슴벅차고 행복한 사람들

우승일지 28R(9월 20일)

체력 저하

걱정은 현실이 됐다. 어느 기사의 표현처럼 "시작은 화끈했지만 끝은 미지근했다." 대전은 역시 홈경기로 열린 충주 험멜과의 28라운드 경기에서 1-1로 비겼다. 우승을 위한 매직 넘버 카운트다운이 선수들에게 부담이 된 것일까? 9월 13일 수원FC와 2-2로 비긴 뒤부터 내리 3경기째 승리를 거두지 못 했다. 더구나 이날 28라운드 상대는 통산 전적 3전 전승으로 우위를 점하고 있는 충주였다. 반드시 이겨야 하는 경기였지만 결국 승점 1점으로 만족해야 했다. 이번에도 선제골을 넣고도 승리를 못 지켰다. 다른 선수들이 사력을 다해 뛰고 있지만 아시안게임 대표팀으로 차출된 임창우의 빈자리가 커 보였다. 골 결정력도 무뎌졌지만 선수들의 체력적인 부담이 더 큰 문제였다. 초반부터 적극적인 공세를 펼치고 선제골을 넣은 것까지는 좋았지만 추가 득점도 실패하고 골을 지키는데도 실패했다. 후반 들어 급격한 체력 저하가 눈에 보였다. 마음은 다급했지만 9월이 빨리 가기만을 바랄 수밖에 없었다.

4

꼴찌도 역전승이 가능한 세상을 꿈꾸며

"나의 꿈은 대통령입니다"

사르코지 전 프랑스 대통령의 어렸을 때 꿈은 대통령이 되는 것이었다고 한다. 그가 어릴 적 자신의 장래희망을 얘기하자 아버지는 "프랑스에서는 대통령이 되기 어려울 테니 미국으로 가라"고 했다는 일화가 전해진다. 그의 아버지는 헝가리 출신 이민자였다.

김영삼 전 대통령의 어렸을 적 장래희망은 너무 유명해 모르는 사람이 별로 없을 정도다.

중학교 때 장래희망을 대통령으로 정하고 책상 앞에 '미래의 대통령 김영삼' 이라고 써놨다고 한다. 그는 파란만장했던 정치 역정을 극복하고 실제로 대한민국 제14대 대통령이 됐다.

어렸을 때부터 나의 장래희망은 대통령이었다. 그냥 만들어 낸 꿈이 아니다. 내가 대통령이 되는 모습을 수없이 그렸다. 그러다 보면 정말 내가 대통령이 됐다는 착각에 빠지기도 했다. 누군가 장래 희망이 뭐냐고 물을 때마다 '대통령이요' 라고 답했지만 묻는 사람도 그리 진지하게 받아들이는 분위기는 아니었다. 그냥 '만들어진' 장래 희망으로 생각하는 기색이 역력했다.

어른들이 아이들을 만나면 던지는 질문의 뻔한 레퍼토리가 있었다. '몇 살이냐, 엄마가 좋으냐 아빠가 좋으냐' 등의 의례적인 질문. 그리고 그다음은 '커서 뭐가 되고 싶으냐' 는 질문이었다.

생각해보면 무척이나 추상적이지만 중요한 질문이기도 했다. 어렸을 때부터 꿈을 키우는 것, 적어도 내가 어렸을 때의 어른들은 그게 중요하다는 것을 경험적으로 알고 있었던 것 같다.

언젠가 멘토처럼 모시고 있는 어르신께 좌우명이나 인생철학이 무엇인지 여쭤본 적이 있다. 뭔가 거창한 대답이 돌아올 줄 알았는데 그 어르신 왈,

"매일 변해. 세상이 매일 바뀌는데 좌우명이나 인생철학도 변해야지."

그 어르신의 얘기는 기회주의적이거나 시류에 편승해서 살자는 뜻이 아니라는 걸 누구보다 잘 안다. 정작 그런 사람들을 혐오하고 가볍게 보는 분이다. 변화, 자기의 삶을 바꿀 수 있는 변화를 강조한 것이라고 나는 이해한다.

마찬가지로 꿈도 바뀐다. 엄밀하게 말하면 크면서 점점 현실적

대전시생활체육회 사무처장 퇴임식. 모든 분들께 감사하고 죄송한 마음을 담아 큰 절을 올렸다.

으로 된다. 어렸을 때 꿈은 누구나 장군 아니면 의사, 판사, 혹은 과학자, 선생님이었다. 초등학교를 거쳐 중학교에 입학할 때쯤이면 그런 꿈들은 많이 바뀐다. 그렇게 되기가 힘들다는 사실을 눈치채기도 하고, 또 어떤 직업은 어렸을 때 생각했던 것처럼 그리 편하고 화려한 직업이 아니라는 사실을 알게 된다. 그리고 더 슬픈 현실은 제도권 교육에 편입되면서부터 어렸을 때 품었던 꿈을 점차 잊어버리게 된다.

유치원 다닐 때였다. 각자 장래 희망을 그림으로 그려 오라는 숙제를 냈다(매우 훌륭하신 선생님이었다고 지금도 생각한다). 주저 없이 태극기와 그 앞에 서 있는 나, 성조기와 그 앞에 서 있는 미국 대통령을 나란히 그렸다.

미국 대통령과 정상회담을 하는 모습을 TV에서 본 적이 있다. 순간 나는 그 모습이 그렇게 멋있어 보였다. 한 나라의 정상이 돼서 다른 나라의 정상과 악수를 나누고 나란히 앉아서 국가의 대사를 논하는 모습, 얼마나 멋진가. 나란히 뚜껑 없는 차에 올라 카퍼레이드를 한다. 어린 내 눈에는 그게 그렇게 멋있어 보일 수가 없었다. 그때부터 내 꿈은 대통령이 되었다.

숙제를 본 선생님이 어떤 말씀을 하셨는지 지금은 기억나지 않는다. 어떤 생각을 하셨는지 알 수 없다. 황당하다고 생각했을까? 아니면 아주 당찬 꿈을 가진 어린이라고 생각했을까? 그게 뭐든 상관없다. 다만 그림으로 낸 나의 장래 희망이 부모님이 억지로 강요했거나 만들어진 꿈이 아니라는 사실만 알아줬으면 좋겠다.

우스갯소리로 초등학교 때 반에서 공부 1등 못 해본 사람 없고 반장 안 해본 사람 없다고들 한다. 반에서 1등은 몰라도 반장을 안 해본 적은 없는 것 같다. 대통령이 되기 위해서는 당연히 반장을 해야 한다고 생각했다. 내가 반장을 맡는 것, 나는 그것을 마치 의무이자 숙명으로 여겼던 것 같다.

지금은 다소 허황된 질문이 됐지만 나는 아이들에게 '꿈이 뭐냐', '장래 희망이 뭐냐'고 끊임없이 물어야 한다고 생각한다. 그것은 조금 큰 중 · 고등학생들에게도 마찬가지다. 그게 뭐든, 뭔가가 되고 싶다는 꿈을 포기하게 하고 사라지게 하는 교육은 바람직하지 않다고 생각한다. 입사 면접 때도 장래 희망을 묻는 질문은 많이 사라진 것 같다. 그런 질문을 하는 사람이나 받는 사람 모두 형식적이고 의례적으로 받아들이는 분위기다. 하지만 그 질문은 나이 들어서도 계속해야 한다고 본다. 남들이 묻지 않는다면 스스로 끊임없이 묻고 답해야 한다.

앞으로의 꿈이 뭔지, 장래 희망이 뭔지. 꿈을 포기하지 않고 미래의 희망을 포기하지 않는다면 아무리 나이가 들어도 청춘일 것 같다. 단순히 꿈을 꾸고, 희망을 그리는 데 그치지 않고 나이가 들어서도 꿈과 희망을 향해 끊임없이 도전하는 사람이 되고 싶다. 주변에서 그런 사람을 만나거나 대화하면 에너지가 넘친다.

누군가 지금도 대통령이 꿈이냐고 묻는다면 어렸을 때처럼 선선하게 "그렇다"고 답하기는 어려울 것 같다. 그때보다는 더 철이 들었고 세상 물정을 알게 됐기 때문이다. 하지만 그런 생각은 한다. 꼭 대통령은 아니더라도 어차피 이 길로 들어선 이상 최선을 다하고 그 길의 끝까지는 가봐야 하지 않겠느냐고. 그 길의 끝이 반드시 대통령이라는 얘기는 아니다. 꼭 높은 자리를 말하는 것도 아니다. 내가 생각하고 내가 품었던 뜻을 조금이라도 펼칠 수 있는 그런 곳을 말한다. 물론 그것은 더 낮은 자리가 될 수도 있다. 내가 생각하고 품었던 뜻을 펼칠 수 있는 그런 자리, 그런 사람이 되겠다는 꿈, 그것만은 여전히 버리지 않고 있다.

헝가리 출신 이민자의 아들인 사르코지도, 중학교 때부터 '미래의 대통령'이라고 써놨던 김영삼 전 대통령도 꿈꾸지 않았다면 대통령이 되지 못했을 것이다. 앞으로 누군가 너의 꿈이 무엇이냐고 물으면 다시 자신 있게 말할 생각이다. '대통령이 되는 것'이라고.

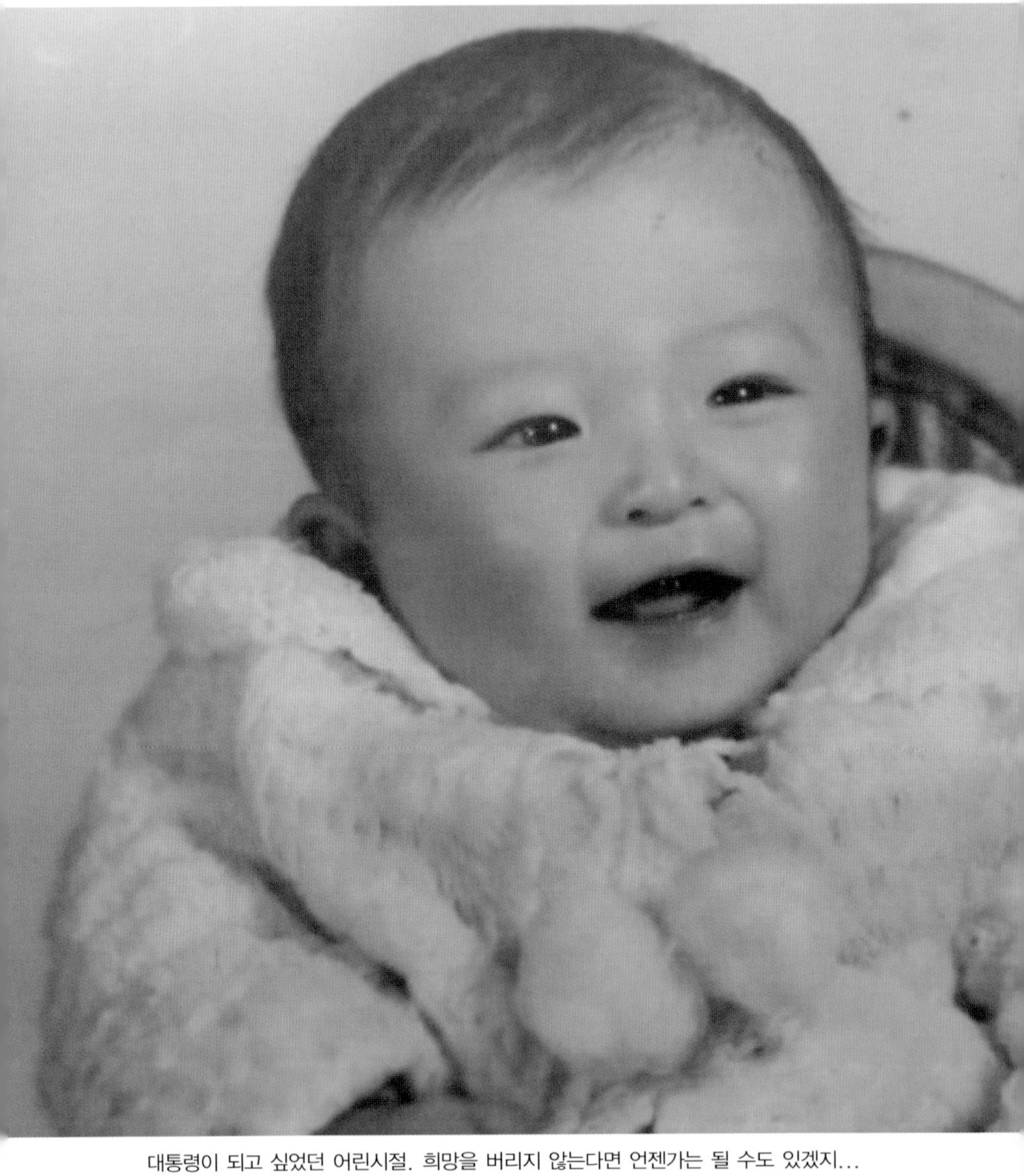

대통령이 되고 싶었던 어린시절. 희망을 버리지 않는다면 언젠가는 될 수도 있겠지…

우승일지 29R(9월 27일)

적신호

고지가 보이는데 선수들은 지치고 경기는 풀리지 않았다. 이기는 경기보다 비기거나 패하는 횟수가 잦아졌다. 시즌 막판으로 접어들면서 '빨간 불'이 켜진 것이다. 한 경기라도 빨리 우승을 확정하고 샴페인을 터뜨리고 싶은 마음은 선수들도 팬들도 같았다. 하지만 우승의 꽃다발은 쉽게 손에 들어오지 않았다. 29라운드는 대구스타디움에서 원정경기로 벌어졌다. 대전은 이 경기에서 대구에 0-1로 무릎을 꿇었다. 후반 21분 상대에게 내준 골을 끝내 만회하지 못했고 그 골은 그대로 결승골이 되었다. 최근 5경기에서 3무 2패의 초라한 성적이었다. 승점 역시 59점에 묶여 '승점 60점 고지' 달성에도 실패했다. 팀 전체가 슬럼프에 빠졌고 위기가 닥친 것이다. 원인은 복합적이다. 대전은 9월 들어 사흘마다 경기를 했다. 경고 누적과 부상, 대표 팀 차출로 정상적인 경기가 사실상 불가능했다. 위기를 기회로 만들 수 있는 또 한 번의 기적이 필요했다. 고지가 멀지 않았다.

8남매 축구단

아버지는 시장에서 고무신 장사를 하셨다. 내가 초등학생이었을 무렵 가게에는 일하던 직원이 한 명 있었다. 나를 유독 잘 챙겨주고 이런 그를 나는 형처럼 따랐다. 학교를 마치고 가게에 가면 아버지보다 그 형이 나를 더 반겼다. 아버지보다 더 내 얘기를 잘 들어주고, 심심할 때는 같이 놀아주는 때로는 친구 같은 형이었다.

그런데 어느 날 그 형이 사라졌다. 그냥 사라진 게 아니었다. 그날 수금한 가게의 돈을 모두 갖고 달아난 것이다. 내색은 하지 않았지만 나는 그 형이 너무 밉고 실망스러웠다. 전혀 그럴 것 같지 않던 형이기에 어린 나의 실망감은 더 클 수밖에 없었다. 이러기 위해서 나한테 잘해준 건가, 배신감도 느꼈다.

이런 내 마음을 눈치챘는지 아버지가 나를 앞에 앉혀 놓고 말씀하셨다.

"세환아, 그 형 잘못이 아니다. 월급도 더 많이 주고 내가 더 잘 챙겨줬어야 하는데 그러지 못 해서 이런 일이 생긴 거다. 돈도 얼마 안 되지만 그 정도 돈도 없어 갖고 도망갈 만큼 힘든 줄은 몰랐다. 그 형은 잘못이 없다."

아버지는 어린 내가 실망하고 상처를 받을까봐 하신 얘기겠지만, 어린 마음에도 막연히 어려운 사람, 소외된 이웃들을 어떻게 대해야 하는지 처음 깨우친 순간이었다.

대전 중구 석교동에서 태어나고 자랐다. 집은 컸다. 부모님과 나, 동생은 물론 작은 아버지와 사촌 형 2명, 사촌누나 2명까지 10명 가까운 대식구가 '우리 집'에서 살았다. 어렸을 때 내가 기억하는 어머니의 모습은 아침마다 도시락을 싸는 모습이었다. 점심은 물론 저녁까지 회사나 학교에서 해결해야 하는 식구도 있어 많게는 15개의 도시락을, 그것도 매일 싸야 했다.

어느 날 학교에서 호구조사표를 나눠줬다. 그때만 해도 학교에서는 정기적으로 호구조사를 실시했고 집이 자가인지 전세인지, 집에 자동차나 TV가 있는지를 표시해야 했다. 나는 당연히 '자가(自家)'에 동그라미 표시를 했다. 그런데 옆에서 그걸 지켜보던 사촌 형이 왜 너네 집도 아닌데 자가에 표시를 하냐고, 이 집은 자기 집이라고 했다.

누구네 집이냐를 놓고 싸우다가 결국 어머니에게 달려갔다. "사촌 형이 우리 집을 자기 집이라고 우긴다."라고 고자질하듯 말했다. 잠시 어머니의 얼굴에는 고민하는 표정이 스쳤다.

그리고 돌아온 답은 어린 나에게 너무 충격적이었다. 사촌 형의 말이 맞는다는 것이었다. 이 집은 '우리 집' 이 아니라 '큰아버지집' 이라는 것이다.

나는 지금까지 내가 살던 집이 당연히 '우리 집' 이고 함께 살던 작은아버지와 큰아버지네 사촌 형, 누나를 우리가 데리고 사는 것이라고 생각했는데 사실은 정반대였던 거다.

당장 옥신각신하던 사촌 형한테는 창피했다. 하지만 이 얘기를 듣자 어린 마음에도 아버지 어머니가 부끄럽다기보다는 정말 대단한 분이라는 생각이 들었다. 큰 아버지 집에서 얹혀살면서도 단 한 번도 그런 사실을 내색하지 않고 오히려 내가 부잣집 아들이라는 생각을 갖게 해준 부모님이 너무 고마웠다. 나이가 들고 철이 들어서도 이 생각에는 변함이 없다.

아버지는 형제가 많았다. 할아버지와 할머니의 사랑이 깊었는지 아들 일곱에 딸 하나, 무려 8남매를 두셨다. 아버지가 여덟 살 때 할아버지가 돌아가시는 바람에 8남매를 할머니가 혼자 다 키웠다고 한다.

이렇게 형제들 많은 집안이지만 우애가 넘친다. 어떤 때는 우애가 너무 깊어 귀찮다고 느낄 때가 있을 정도다. 아마 할아버

대전시 생활체육회 사무처장시절 충남대학교에서 '스포츠 사회학'으로 박사학위를 받았다.
비로소 진정한 체육인이 된듯한 느낌이었다.

지가 일찍 돌아가시고 할머니가 키우면서 '우리끼리라도 화목하게 지내야 한다'는 생각이 몸속에 자연스럽게 배었기 때문이라고 생각한다.

일단 모이기를 너무 좋아한다. 어느 정도냐면 추석과 설, 1년에 2번의 명절에는 말할 것도 없고 큰아버지, 큰어머니, 작은아버지 작은어머니 생신 때는 무조건 조카들까지 다 모인다. 3대가 그렇게 다 모이면 적게는 50~60명 많게는 60~70명이 된다. 모임이 있는 날은 식당 하나를 거의 다 빌려도 모자랄 판이다. 그렇게 모여 서로의 안부를 확인하고 왁자지껄 먹고 웃다가 헤어진다.

이웃집 어른들이 우리 집을 보고는 농담처럼 '축구팀 만들어도 되겠다.' 라고 말씀하시곤 했는데 농담이 진담이 되었다. 나를 포함해 또래 세대들이 가족 축구팀을 만들었다. 이름도 거창한 '8남매 축구단'이다. 지금도 거의 3개월 꼴에 한 번씩 모여 공을 찬다. 더 자주 모여 공을 차고 실력도 높여 아마추어 대회라도 나가자고 입을 모았지만 이제는 한창들 사회생활에 바빠 그렇게까지 자주 모이지는 못한다. 하지만 언젠가는 '8남매 축구팀'의 이름으로 작은 대회에라도 출전하는 것이 목표다.

아버지는 고무신 장사를 하셨지만 당신의 일에 지금도 자부심이 크다. 명문여고를 졸업한 어머니는 졸업과 동시에 사랑하는 아버지를 만나 대전으로 오셨다. 아버지와 어머니는 다른 부모님들처럼 자식들이 잘 되기만을 바라며 사셨지만 내가 기억하는 한 한 번도 뭔가를 강요한 적이 없다. 고등학교 때 가출해서 돌아왔을 때도 크게 혼내시다가도 "그럼 네 뜻대로 하라."며 당신의 뜻을 더 이상 고집하지 않으셨다.

사회에 나가 내가 이런저런 일을 할 때도 가타부타 말이 없으시다. 다만 얼굴을 뵈면 "이왕 어떤 길로 가려고 마음 먹었거든 크게 생각해라", "무슨 일을 하든 다른 사람의 마음에 상처 주는 일은 하지 말거라."라는 짧은 한 마디를 남기실 뿐이다.

부자는 아니었지만 우애와 사랑이 넘치는 가족들 때문에 그래도 크게 어긋나지 않고 여기까지 왔다고 믿는다. 가끔씩 나도 모르게 삐뚤어진 마음이 들 때 가족들을 떠올리면 나쁜 생각, 나쁜 행동을 할 수가 없다. 고무신 장사를 하면서도 이렇게 키워준 아버지 어머니가 나는 늘 자랑스럽다.

힘든 경기에서 이겨 2부리그 우승을 했다. 내 인생도 못할 것 없다. 무슨 일이든 해낼 수 있다는 확신이 든다. 다시 시작이다 처음부터

우승일지 30R(10월 4일)

6경기 연속 무승

대전의 꿈은 물어볼 것도 없다. 2부 리그 챌린지에서 우승하고 1부 리그로 승격하는 것이다. 그리고 1부 리그 클래식도 평정하는 것이다. 그런 우승을 자주 차지해 명문 클럽팀으로 탄생하는 것이 당연히 대전의 꿈이다. 대전 선수들과 팬들은 그 꿈을 향해 숨 가쁘게 달려왔다. 이제 몇 경기 남지 않았다. 하지만 그 꿈은 쉽게 잡힐 생각을 하지 않았다. 6경기 무승. 대전은 고양 FC와의 30라운드 원정경기에서 2-2로 무승부를 기록했다. 벌써 6경기째 무승(5무 2패)이다. 선제골을 넣고도 고양에게 연속으로 실점하며 패배 위기에 직면했다. 잘못하면 시즌 처음으로 연패를 당할 위기에 처했다. 위기에서 팀을 살린 것은 반델레이였다. 후반 32분에 터진 반델레이의 동점골로 대전의 패배를 겨우 면했다. 대전은 승점 60점으로 선두 자리는 지켰지만 최근 6경기 연속 무승의 부진에 빠졌다. 승리를 맛본 지가 오래됐다. 이러다가 승리의 DNA를 아예 잃어버리는 것은 아닐까 하는 걱정이 들었다.

나의 마라톤 30km 구간

살면서 세상 이치를 알게 되는 것은 언제쯤일까? 의외로 세상 이치를 일찍 배우기도 하고 거꾸로 늦게 눈 뜨기도 한다. 어떤 것이 더 좋은지 잘라 말하기는 어렵다.

너무 일찍 세상 이치를 배우면 영악해질 수 있고 너무 늦게 깨달으면 굼떠 보일 수 있다. 적당한 시기에, 적당한 일로 하나씩 배우면 좋으련만 세상 일이 어디 그렇게만 되겠는가. 어느 날, 예고도 없이, 불쑥 찾아온다.

고등학교 2학년이면 이른 것인지 늦은 것인지도 잘 판단이 안 선다. 어찌 됐든 그 모든 세상 이치를 배우고 이해하고 눈 뜨기에는 분명 어린 나이다. 세상 다 아는 것처럼 거칠 것 없이 얘기하고 나섰던 대학생 시절을 돌아봐도 그저 어리게만 느껴질 뿐이다. 그런데 고등학교 2학년이면 더 무슨 말을 하겠는가. 그 시절, 감당하기에는 너무 버거운 일이었다.

고등학교에 들어가서도 반장은 맡아 놓고 했다. 2학년 때도 반장이었다. 내 자랑처럼 들리지만 그때까지 공부도 곧잘 했다. 전교에서 나는 항상 상위권에서 벗어나지 않았다. 학년 회장 선거가 다가왔다. 2학년 12명 반장 가운데 학년 대표를 뽑는 선거였다. 나는 당연히 나가기로 마음을 먹었다. 그냥 내 유전자에 그런 게 있었던 것 같다. 그냥 나가야 했고, 나가면 됐고, 되면 또 열심히 했다. 주위 친구들도 '당연히 네가 해야지 누가 하겠냐' 며 나를 부추겼다.

어느 날 선생님 한 분이 나를 불렀다. 기억은 또렷하지 않지만 '공부는 잘 하고 있느냐', '힘든 일은 없느냐' 등의 의례적인 얘기를 나눴던 것 같다. 그러고 나서 그 선생님은 본론에 들어갔다. 학년 회장 선거에 나오고 싶어 하는 것으로 알고 있는데 나오지 말라는 것이었다. 이런저런 선생님 나름대로의 이유와 명분을 말씀하셨지만 무슨 말을 했는지 잘 귀에 들어오지 않았다. 그저 '나오지 말라' 는 말만 머릿속을 맴돌았다.

고등학교 2학년이다. 천방지축 뛰어다니고 그저 친구들과 어울리면 뭐라도 할 수 있을 것 같은 철부지였지만 그 정도는 알 수 있었다. 왜 그 선생님이 나를 따로 불러 나가지 말라고 했는지. 나도 모르게 눈물이 나왔다. 학년 회장이 대단한 자리여서가 아니었다. 무슨 일이 있어도 꼭 해야 하는 자리도 아니었다. 그런데 억울했다.

이건 부당한 거고 내가 나가는 것은 너무 당연한 일이라고 생각했다. 우리 반 부반장에게 말했다. 나를 추천해 달라고. 그리고 영문도 모르는 그 친구는 당연히 나를 추천했다.

선거는 3파전이 됐다. 나, 그 선생님이 미는 학생, 그리고 또 다른 학생. 선거 결과는 모두에게 충격이었다. 당연히 될 줄 알았던 나도, 내가 안 나올 것이라고 생각했던 그 선생님도, 크게 기대하지 않았던 또 다른 학생도 모두 놀랐다. 내가 한 표 차이로 2등이었고 또 다른 학생이 1등으로 당선됐다. 그 선생님이 미는 학생은 3등에 그쳤다.

모든 게 그렇게 끝났으면 좋았을 것이다. 어쩌면 내 삶도 조금은 달라졌을 것 같다. 문제는 그 선생님의 '충격'이 너무 컸다는 데 있었다. 분을 참지 못한 선생님은 나를 다시 불렀다. 그리고 때렸다. 타당성 여부를 떠나 이번에는 이유가 분명했다. 거역죄. 선생님의 말을 듣지 않은 죄였다. 맞으면서 울음을 참았다. 울면 정말 지는 거라는 생각이 들었다. 훗날 친구에게 이 말을 했더니 웃으며 이렇게 말했다.

"그렇게 생각하는 거 자체로도 너는 더 맞았어야 돼."

그때부터 삐뚤어지기 시작했다. 선생님이 싫었고, 학교가 싫었고, 모든 게 싫었다. 전혀 나답지 않은 행동이 나오기 시작했다. 수 목 금 3일 동안 시험기간이었는데 수요일 시험만 보고 가출을 했다. 목요일부터 토요일까지 놀고 집으로 돌아갔다. 이번에는 아버지한테 맞았다. 아버지한테는 입에 열 개라도 할 말이 없었다.

아버지한테 학교를 그만두겠다고 말씀드렸다. 도저히 학교를 다닐 수 없다고, 검정고시를 보겠노라고. 내 얘기를 듣던 아버지는 딱 한 말씀만 하시고 매를 거뒀다.

고교 시절 사진

"그렇게 해라."

학교에 가서 담임선생님을 만났다. 담임선생님은 '머리 잘 식히고 왔냐' 며 나를 크게 나무라지 않았다. 죄송했다. 하지만 할 말은 해야 했다. 자퇴를 하겠다고 말씀드렸다. 한참 동안 나를 바라보시던 담임선생님이 입을 열었다. 그때 담임선생님의 말씀은 아직도 기억에 선명하다.

"한 마디만 하자. 인생은 마라톤이다. 마라톤 구간 중에 가장 힘들 때가 30km를 넘어설 때란다. 그동안 잘 달리던 선수도 이때 페이스 조절을 하지 못해 중간에 포기하거나 뒤로 처지지. 인정하고 싶지는 않지만 우리나라에서는 고2~고3 때가 이 구간이란다. 이때 페이스 조절을 잘 하지 못하면 영원히 낙오자가 되기도 하지. 의지력이 강한 줄 알았는데 그거밖에 안 되냐?"

부끄럽고 죄송했다. '그래 내가 이거밖에 안 됐나?' 자퇴하겠다는 생각은 접기로 했다. 하지만 더 이상 공부는 손에 잡히지 않았다. 대신 3학년 때 총학생회장 선거에 출마했고 당선됐다. 역사에 '만약' 이라는 가정법은 성립되지 않는다고 한다. 인생도 마찬가지다. 그래도 몇 장면에는 만약이라는 가정법을 적용해보고 싶다. 그때 그 선생님이 나를 불러 출마 포기를 종용하지 않거나 때리지 않았다면? 내가 만약 학년장 선거에 나가지 않았다면? 그때 결국 자퇴를 했다면? 아마 많은 게 바뀌었을 것 같다.

〈완득이〉라는 영화를 좋아한다. 지금도 TV를 켜면 유선이나 위

성방송에서 가끔 그 영화를 다시 만난다. 그동안 여러 번 봤으면서도 할 때마다 또 본다. 담임선생님의 그 촌스럽고 투박한 제자 사랑의 마음이 표현되는 장면이 나오면 지금도 나는 가슴이 뭉클해진다. 그런 속 깊은 사랑을 받은 제자는 얼마나 좋을까, 그런 생각을 하며 또 그 영화에 빠져든다.

담임선생님의 말씀이 옳았다. 고2 때 나는 마라톤 30km 구간을 달리고 있었고, 나는 페이스 조절에 실패했다. 물론 지금 내가 낙오자의 삶을 살고 있는 것은 아니지만 이전의 페이스를 지켰다면 많은 게 달라졌을 것이다. 나는 그렇게 마라톤 30km 구간을 통과했다.

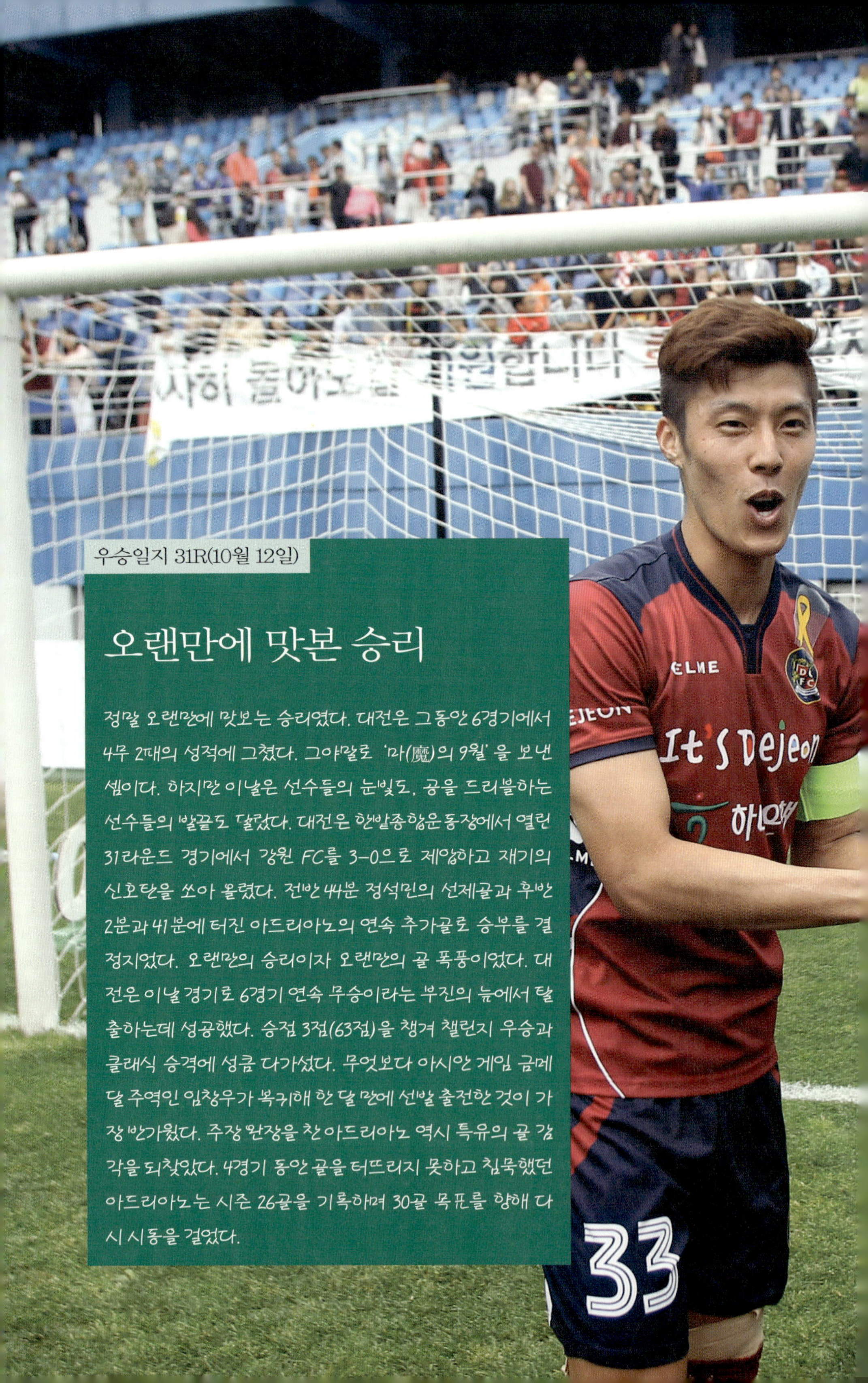

우승일지 31R(10월 12일)

오랜만에 맛본 승리

정말 오랜만에 맛보는 승리였다. 대전은 그동안 6경기에서 4무 2패의 성적에 그쳤다. 그야말로 '마(魔)의 9월'을 보낸 셈이다. 하지만 이날은 선수들의 눈빛도, 공을 드리블하는 선수들의 발끝도 달랐다. 대전은 한밭종합운동장에서 열린 31라운드 경기에서 강원 FC를 3-0으로 제압하고 재기의 신호탄을 쏘아 올렸다. 전반 44분 정석민의 선제골과 후반 2분과 41분에 터진 아드리아노의 연속 추가골로 승부를 결정지었다. 오랜만의 승리이자 오랜만의 골 폭풍이었다. 대전은 이날 경기로 6경기 연속 무승이라는 부진의 늪에서 탈출하는데 성공했다. 승점 3점(63점)을 챙겨 챌린지 우승과 클래식 승격에 성큼 다가섰다. 무엇보다 아시안 게임 금메달 주역인 임창우가 복귀해 한 달 만에 선발 출전한 것이 가장 반가웠다. 주장 완장을 찬 아드리아노 역시 특유의 골 감각을 되찾았다. 4경기 동안 골을 터뜨리지 못하고 침묵했던 아드리아노는 시즌 26골을 기록하며 30골 목표를 향해 다시 시동을 걸었다.

대전시티즌 주장, 무릎 부상에도 불구하고 시즌내내 불꽃 투혼을 보여준 진정한 프로선수 그리고 리더쉽을 갖춘 영원한 캡틴 윤원일 선수

농구에 죽고 농구에 살다

우연히 한 TV 예능 프로그램에서 농구선수 출신 서장훈이 나와서 자신의 인생철학을 얘기하는 것을 본 적이 있다. 서장훈은 지금도 "일을 즐기면서 하라"는 말을 가장 싫어한다고. 그러면서 이렇게 덧붙였다.

"농구를 즐기면서 한 적이 한 번도 없어요. 어릴 때는 농구를 좋아했지만 직업으로 하면서부터는 농구는 전쟁이라고 느꼈습니다. 상대에게 이겨 승리를 얻어내는 것이 스포츠인데 그것을 즐긴다고 생각했다면 스스로 용납하지 못했을 겁니다."

듣는 사람에 따라 이견이 있을 수 있겠지만 서장훈의 그 말이 무엇을 의미하는지 알 것 같았다. '저렇게 치열하게 운동을 했기 때문에 그 자리에 설 수 있었겠구나' 라는 생각도 했다. 누구에게는 그저 즐기면서 하는 일이겠지만 또 다른 누군가에는 그것이 전쟁이 될 수도 있겠구나. 죽느냐 사느냐의 문제가 될 수도 있겠구나. 웃으며 그 예능 프로그램을 봤지만 마음 한구석이 짠해지는 느낌을 지울 수가 없었다.

서장훈처럼 직업으로 한 것도, 서장훈처럼 전쟁처럼 한 것도 아니지만 내 인생에서 빼놓을 수 없는 단어는 '농구' 다. 어렸을 때부터 키가 컸다. 전문적으로 운동을 하는 선수들도 그렇지만 학교에서, 동네에서 키가 크면 일단 그거 하나로 먹고 들어간다. 나도 그랬다. 축구든 농구든 어떤 운동을 해도 일단 나는 주전 자리를 꿰찼고, 또래들보다 조금 더 실전 경험이 많았고, 그러다 보니 교실보다는 운동장에서 보내는 시간이 더 많았다.

중학교 1학년 때부터 나의 주 종목은 농구였다. 포지션과 전술, 작전이 불분명했던 그때 큰 키로 센터를 보면서도 때로는 가드를 겸했다. 농구를 조금 아는 분들은 그게 무엇을 의미하는지 알 것이라고 생각한다. 과장을 약간 섞어 말하자면 혼자 다 했다는 얘기다. 그리고 고등학교에 들어가서 농구 연합동아리를 만들었다. 어린 마음에도 학교 안은 너무 좁았다. 더 큰 물에서 놀고 싶었다. 물론 학교에도 농구 동아리가 있었고, 동아리에 가입시키려는 선배들의 회유와 협박(?)이 많았지만 이를 물리치고 '카이저' 라는 연합동아리를 출범시켰다.

어떤 학교에 누가 잘한다는 소문이 들리면 아무리 멀어도 찾아

고교 시절, 나의 모든 것을 담았던 농구동아리 '카이저'. 지금도 맹활약 중이다.

가서 그 친구를 만났다. 일종의 선수 스카우트였던 셈이다. 경기에 나가면 나는 감독 겸 주장 겸 선수였다. 작전지시도 하고, 선수교체도 하고, 내가 직접 경기장에서 뛰며 그 작전을 수행했다.

각 학교마다 그래도 농구 꽤나 한다는 친구들이 모였으니 수준이 꽤 높았다. 2, 3학년 형들과 맞붙어도 전혀 밀리지 않았다. 대전에서 고등학생 팀 전체가 참가하는 대회가 열렸다. 우리 팀은 처음 출전한 그 대회에서 우승을 차지한다. 그리고 나는 최우수선수(MVP)에 선정됐다.

운동선수들을 제외하고 당시 대전 지역 고등학교에서는 최고의 농구 실력을 갖춘 학생으로 인정을 받은 것이다.

2학년 우승, 3학년 때도 계속 출전해 준우승을 차지했다. 갓 창단한 팀이 첫 출전에 우승, 이어서 준우승을 차지한 것은 지금도 깨지지 않는 기록이다. 농구를 정식으로 배운 선수 출신은 단 한 명도 없었다. 그저 우리끼리 훈련하고, 혼자 연습한 결과였다. 고등학교 3년을 그렇게 운동장에서 보냈다.

혼자 있을 때도 늘 농구공을 갖고 놀았다. 농구공이 아니면 축구공. 성적이 좋았을 리 없다. 그래도 상관없었다. 농구는 그 당시 유일한 탈출구였다.

학교에 나가기 싫었지만 농구를 하기 위해서라도 학교는 계속 다녀야 했다. 만약 그때 농구를 하지 않았다면 나는 비행청소년이 됐을 것이다. 그 당시 학교와 세상에 품었던 막연한 반항심, 괜

한 외로움을 농구로 이겨냈고 사춘기를 극복했다.

고등학교 때 학년 대표를 뽑는 선거를 둘러싸고 마찰을 빚으면서 시작된 방황으로 학업을 소홀히 했지만 내신이나 수능 성적이 나쁘지는 않았다. 그래도 목표로 했던 고려대 법대는 어려웠다. 그래서 운동을 좋아했고 달리기도 자신 있었던지라 고려대 체육교육과를 가기로 마음먹었다.

수능을 보고 실기시험을 보러 갔는데 내가 얼마나 순진했는지 운동장에 가자마자 알 수 있었다. 나처럼 그냥 혼자 운동하고 연습을 했거나 단순히 운동이 좋아서 온 수험생은 한 명도 없었다. 운동을 전문적으로 했거나, 체대 입시 전문학원을 다녔거나 둘 중의 하나였다. 실기시험장에서 서로들 반갑다고 인사하고, 심지어 실기 감독관하고도 인사를 나누는 모습을 보면서 나는 주눅이 들었다. 실기시험이 다 끝나기도 전에 나는 떨어졌다는 것을 직감할 수 있었다.

대학에서 체육을 전공하겠다는 계획은 수포로 돌아갔지만 대전시생활체육회 사무처장과 대전시티즌 사장을 맡으면서 나는 스포츠와 결국 인연을 맺게 됐다. 따지고 보면 스포츠는 오래전부터 내 인생과 함께 했으며 불가분의 관계였다. 다만 그 정도 인연이 있다고 해서 "나도 스포츠인이다"라고 말하는 것은 스포츠가 삶이자 인생의 전부였던 많은 분들에 대한 예의가 아니라고 생각한다.

스포츠를 사랑하고 스포츠인들의 인생 역정을 좋아하며 그들의 인생철학을 존경한다. 매일매일 승패의 갈림길에 놓이고, 숨을 쉬지 못할 정도로 힘들지만 다시 일어서서 뛰어야 하는 그들의 삶은 늘 나 자신을 반성하게 한다. 농구 황제 마이클 조던이 자신의 농구는 늘 실수와 실패의 연속이었다고 말하는 것을 보면서 겸손을 배우기도 했다. 그러면서도 늘 자신감과 자부심이 넘쳤다. 2001년 조던은 한 스포츠 잡지에 기고한 글에서 이렇게 말했다.

"결정적인 국면에 처했을 때 임무를 수행하는 능력은 당신이 그것을 할 수 있다는 자신감에서 나온다. 자신감과 자부심이 관건이다. 연습도, 훈련도, 그 무엇도 하고 싶지 않았던 때가 있었지만 내가 다시 마음을 잡은 것은 누군가가 나를 따라잡는 것을 원치 않았기 때문이다. 바로 그런 이유로, 마지막 2분을 남겨놓고 경기가 초긴장의 상황으로 접어들 때는 내가 어떤 다른 선수들보다 유리하다고 느낀다."

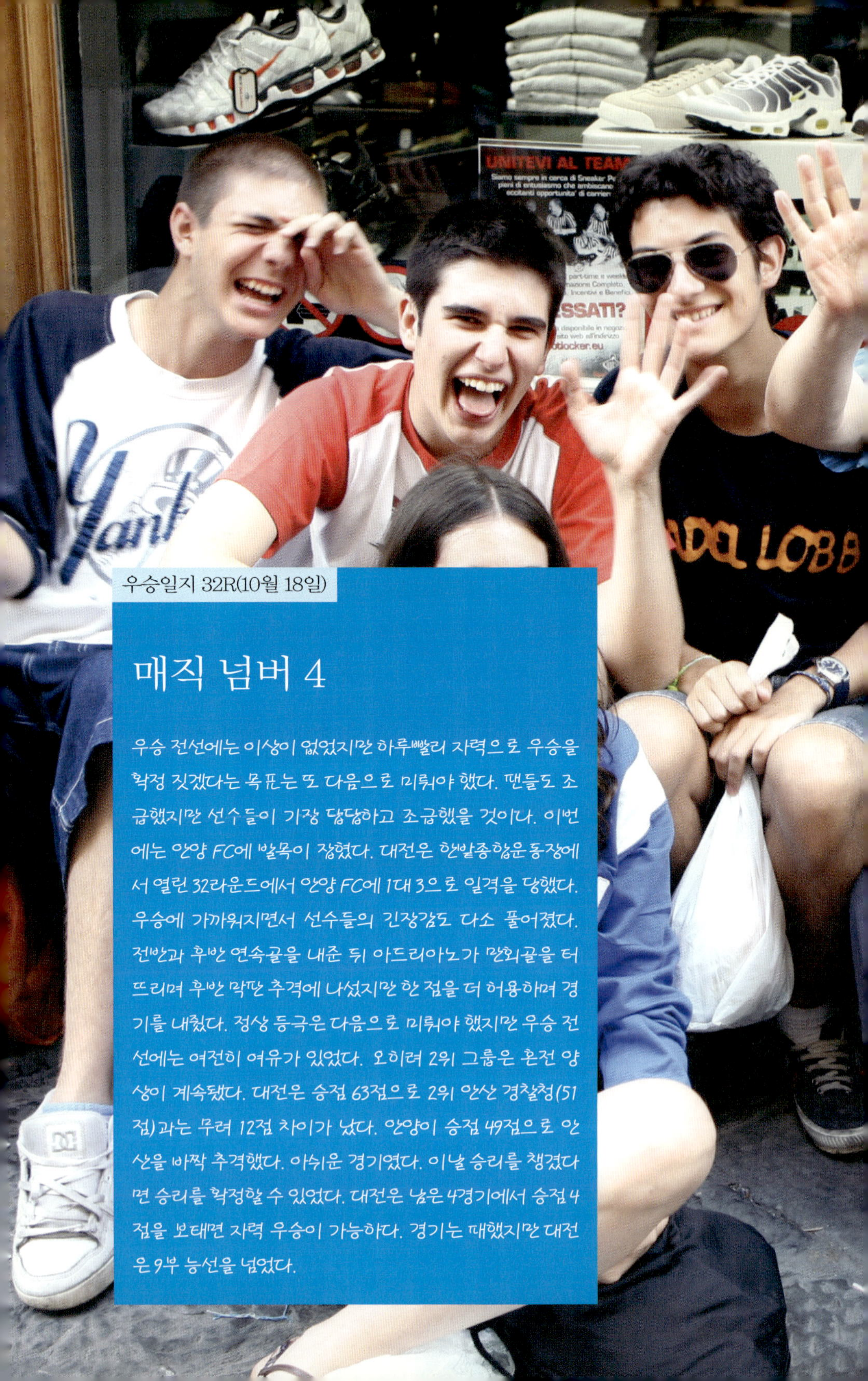

우승일지 32R(10월 18일)

매직 넘버 4

우승 전선에는 이상이 없었지만 하루빨리 자력으로 우승을 확정 짓겠다는 목표는 또 다음으로 미뤄야 했다. 팬들도 조급했지만 선수들이 가장 답답하고 조급했을 것이다. 이번에는 안양 FC에 발목이 잡혔다. 대전은 한밭종합운동장에서 열린 32라운드에서 안양 FC에 1대 3으로 일격을 당했다. 우승에 가까워지면서 선수들의 긴장감도 다소 풀어졌다. 전반과 후반 연속골을 내준 뒤 아드리아노가 만회골을 터뜨리며 후반 막판 추격에 나섰지만 한 점을 더 허용하며 경기를 내줬다. 정상 등극은 다음으로 미뤄야 했지만 우승 전선에는 여전히 여유가 있었다. 오히려 2위 그룹은 혼전 양상이 계속됐다. 대전은 승점 63점으로 2위 안산 경찰청(51점)과는 무려 12점 차이가 났다. 안양이 승점 49점으로 안산을 바짝 추격했다. 아쉬운 경기였다. 이날 승리를 챙겼다면 승리를 확정할 수 있었다. 대전은 남은 4경기에서 승점 4점을 보태면 자력 우승이 가능하다. 경기는 패했지만 대전은 9부 능선을 넘었다.

대학 총장과 총학생회장 그리고 여행

마음을 얻는 일이 가장 어렵다

인연이란 참 묘하다. 고려대에 떨어지고 제대 후에는 충남대 법대에 떨어졌다. 나와는 인연이 아니라고 생각했다. 한밭대를 졸업하고 처음 직장생활을 하면서 고려대 행정대학원에 입학해 석사과정을 마쳤다. 이후 대전시생활체육회 사무처장을 맡으면서 충남대 대학원에서 스포츠 사회학을 공부해 박사학위를 받았다. 결국은 나를 받아주지 않았던 두 곳과 뗄래야 뗄 수 없는 인연을 맺게 된 것이다. 낙방의 한도 풀었다.

총학생회장을 하며 많은 것을 배웠다. 어렸을 때부터 반장을 도맡아 하고 고등학교 때도 총학생회장을 했던 만큼 나는 스스로 리더십을 갖췄다고 자만하고 있었다. 그런데 대학은 완전히 달랐다. 어쩌면 작은 정치판과도 같았다.

총학생회장에 불과했지만 사람들의 마음을 얻고 잃는다는 게 얼마나 중요한 일인지도 그때 알았다. 1년 동안 총학생회장직을 수행하고 다시 차기 총학생회장을 뽑는 선거철이 다가왔다. 나는 연임에 도전할 생각이 없었다. 1년 동안 한 것으로 내 역할을 충분히 했다고 생각했다.

하지만 상대 진영이 무리하게 욕심을 내기 시작했다. 주변의 여론도 '한 번 더 해야 한다'는 것으로 바뀌기 시작했다. 물론 다른 학생들의 반대 여론도 있고 곱지 않은 시선도 많았지만 다시 출사표를 던졌다. 재임에 성공할 자신은 있었다. 1년 동안 총학생회장직을 큰 과오 없이 수행했고, 그 과정에서 나를 지지해주는 학생들도 많이 만들었다고 판단한 것이다. 이런 생각이 오히려 자만을 불렀다. 선거 전략도 당당하지 못 했다. '내 편만 지키자'는 소극적인 자세로 선거 운동에 임했다. 나를 지지해주는 학생들 표만 있으면 된다고 자만한 것이다.

막상 선거전에 돌입하자 분위기는 생각한 것과 달랐다. 전반적으로 냉랭한 분위기였다. 자의든 타의든, 잘했든 못했든 또 선거에 나온 게 욕심으로 보였던 모양이다. 결과는 아주 근소한 차이의 승리였다. 가까스로 다시 당선됐지만 나는 진 것과 마찬가지였다. 현직인데도 그 정도 득표 밖에 못했다면 사실상 패한 것이다. 후유증도 컸다. 비난 공세에 시달렸다. 학교 곳곳에 '물러나라'는 플랜카드가 걸렸다. 나를 비난하는 내용의 대자보가 곳곳에 붙었으며 인터넷 게시판에도 연일 비난 글이 올라왔다. 욕설이 난무했고 심지어 협박도 받았다. 그때 알았다. 내가 생각하는 것과 민심은 전혀 다를 수 있다는 것, 그리고 그 민심을 제대로 파악하지 못하고 거슬렀을 때 얼마나 후유증이 큰지. 내가 갖고 있는 생각과 뜻은 옳았지만 민심을 얻지 못하면 그것은 그저 개인적인 치기에 불과하다는 사실을 절감했다.

졸업을 한 뒤 선거판에서 몸담고 있을 때도 늘 사람들의 마음을 읽는데 주력했다. 다행히 내가 선거운동을 도왔던 분 역시 그 점을 누구보다 잘 알고 있었다. 그래서 일하기가 편했다. 아무리 우리의 주장이 옳고 타당하다고 하더라도 민심은 이와 다를 수 있으며, 그런 다른 민심을 정확히 파고들어 우리 쪽으로 되돌리지 못하면 선거는 패할 수밖에 없다.

이기는 선거도 해봤고 지는 선거도 해봤다. 또 지켜보기도 했다. 물론 선거에서 이기고 지는 것은 그야말로 수십 수백가지의 변수와 이유가 좌우한다. 9개를 잘 하고도 사소한 1개를 놓쳐 패하는 경우도 있고, 9개를 잘 못하고도 1개를 정말 잘 해서 이기기도 한다. 그래서 후보가 최선을 다할 수는 있어도 당락까지 좌우할 수는 없다고들 하는 모양이다. 그래도 변치 않는 진리는 사람들의 마음을 제대로 읽지 못하고 민심을 거스르면 아무리 다른 환경이 조성되어 있어도 그 선거는 이기지 못한다.

사람은 10개 모두 장점만을 갖고 있을 수만은 없다. 하지만 1

한밭대 총학생회 출범식에 초대를 받아 마이크를 잡았다.
한밭대 총학생회장을 맡으면서 나는 새로운 길을 발견하고, 많은 것을 배웠다.

개의 장점으로 9개의 단점을 극복할 수 있는 힘을 갖고, 무엇보다 민심의 변화를 아주 정확하게 읽을 줄 아는 감각이 있는 분들이 있다. 사람의 마음을 누가 잡느냐에 따라 결과가 달라질 수 있다는 사실을 누구보다 잘 아는 그런 사람들이다. 주변에서 이런 분들을 가끔 만난다. 나도 옆에서 이런 점을 배우려고 무던히 노력을 했지만 흉내 내기도 여전히 쉽지 않다.

누구나 한 번 정도는 읽어봤을 생텍쥐베리 소설 〈어린 왕자〉에는 이런 대사가 나온다.

"세상에서 가장 어려운 게 뭔지 아니?" "흠, 글쎄요. 돈 버는 일? 밥 먹는 일?"

"세상에서 가장 어려운 일은 사람이 사람의 마음을 얻는 일이란다."

좋은 소설이라는 것은 알았지만 최근 SNS에서 사람들이 다시 공유하는 〈어린 왕자〉의 명대사를 보면 어렸을 때와는 또 다른 느낌으로 다가온다.

"사막이 아름다운 건 어디엔가 샘을 감추고 있기 때문이야. 눈으로는 찾을 수 없어. 마음으로 찾아야 해."

"다른 사람에게는 결코 열어주지 않는 문을 당신에게만 열어주는 사람이 있다면 그 사람이야말로 당신의 진정한 친구란다."

세상에서 가장 중요하고 어려운 일이 사람의 마음의 얻는 일이라는 사실을 마음에 새기고, 또 새긴다.

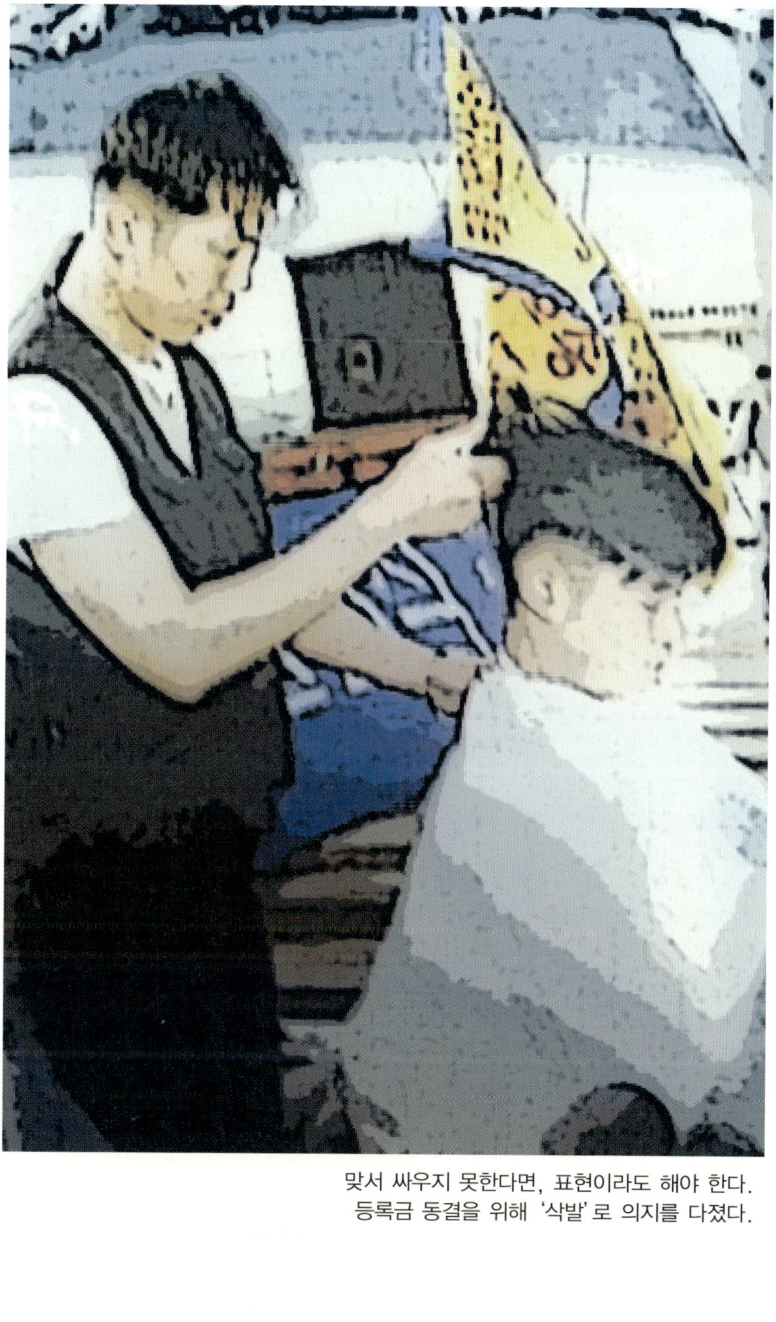

맞서 싸우지 못한다면, 표현이라도 해야 한다.
등록금 동결을 위해 '삭발'로 의지를 다졌다.

누구나 마음먹은 대로 되지 않을 때가 있다. 기대가 컸던 일이라면 실망은 더욱 크다.
그렇다고 주저 앉을 수는 없다. 일어서자, 그리고 걸어가자, 뚜벅뚜벅…

우승일지 33R(10월 25일)

절박함

결국 마지막까지 가야 결과를 알 수 있는 것인가? 마음을 놓으면서도 괜히 불안한 상황이 계속됐다. 이런 것 때문에 일찌감치 자력 우승을 확정해야 했다. 시즌 막판이 되면 경기력으로만 결정지을 수 없는 승부들이 펼쳐진다. 각 팀마다 사정이 다르지만 거의 모든 팀이 절박한 상황에 놓이게 되고 총력전을 펼치기 때문이다. 매 경기 정말 사투를 벌인다. 그라운드는 그야말로 전쟁터가 된다. 안심할 수도 없고 마음도 놓을 수 없는 상황이 매 경기 벌어진다. 또 졌다. 대전은 광주월드컵경기장에서 열린 33라운드 광주FC와의 경기에서 0-1로 아쉽게 패했다. 시즌 첫 연패였다. 대전보다 광주의 절박함이 더 컸다. 4강에 진출해야 K리그 클래식에 승격할 수 있는 광주로서는 한 경기라도 패하면 나락으로 떨어지게 되는 상황이었다. 대전은 승점을 쌓는데 실패하며 63점에 묶였다. 이날 경기를 마친 후 직원들과 약속한 중국 워크숍을 떠났다. 뒷말이 무성했지만 불가피한 상황이었다.

나는 전과자다

가장 감명 깊게 읽은 책을 꼽으라고 하면 주저 없이 김훈의 소설 〈칼의 노래〉와 김대중 전 대통령의 〈옥중서신〉이라고 말한다. 〈칼의 노래〉에서는 죽음을 각오하고 적에 맞서는 장수이기 전에 한 남자의 비장함과 고독을 그대로 느낄 수 있었다. 임금에게 인정받지 못하고 끊임없이 질투와 오해를 받으면서도 오로지 나라와 백성을 살리겠다는 일념 하나로 자신의 몸을 던졌던 이순신 장군의 위대한 정신을 배울 수 있었다.

무엇보다 전쟁을 치르면서도 그런 기록을 남겼다는 것이 놀랍다. 나도 그것을 따라 하려고 일하면서 사소한 것 하나도 빠뜨리지 않고 모두 기록으로 남기려고 노력 중이다. 일기나 기록은 자신의 행동이나 생각을 다시 한 번 돌아보게 만든다. 감히 이렇게 나의 이야기를 책으로 내자고 마음먹게 된 것도 기록의 소중함을 알기 때문이며 이것을 통해 나의 행동이나 생각을 다시 한 번 돌아보기 위함이다.

〈옥중서신〉은 정치적 입장이나 사상적인 차이를 떠나 김대중 전 대통령이 갖고 있던 인간애, 나라와 사람을 사랑하는 마음이 느껴졌다. 죽음을 앞둔 상황에서 쓴 글이었던 만큼 진심이 전달되는 것 같아 좋았다. 〈옥중서신〉은 사람을 얼마나 아껴야 하고, 어려운 사람을 어떻게 배려해야 하는지, 그리고 나와 생각이 다른 사람들과 어떻게 상생해야 하는지 느끼고 알 수 있게 해 준 책이다. 무엇보다 죽음까지 목전에 둔 인생의 고비에서 그것을 견뎌낼 수 있는 강인한 의지를 배웠다.

'화려한' 대학 시절을 보내고 처음 캠프에 합류했던 선거가 패배로 끝났다. 다니던 회사까지 접고 나름대로 모든 것을 걸고 뛰어들었는데 되돌아갈 곳이 없어진 것이다. 선거가 끝난 뒤 만년동의 작은 사무실에서 지내던 시절을 생각하면 지금도 마음 한구석이 찡하다.

맞은편에 앉아 있는 사람의 숨소리까지 들리는 작은 사무실이었다. 마음의 여유를 찾기위해 노력했지만 솔직히 잘 되지 않았다. 대신 절치부심(切齒腐心)이니 와신상담(臥薪嘗膽)이니 하는 고사성어가 왜 생겼는지 알 것만 같았다.

돌이켜 보면 내 인생에서 가장 힘든 시기였다. 선거에서 패하고

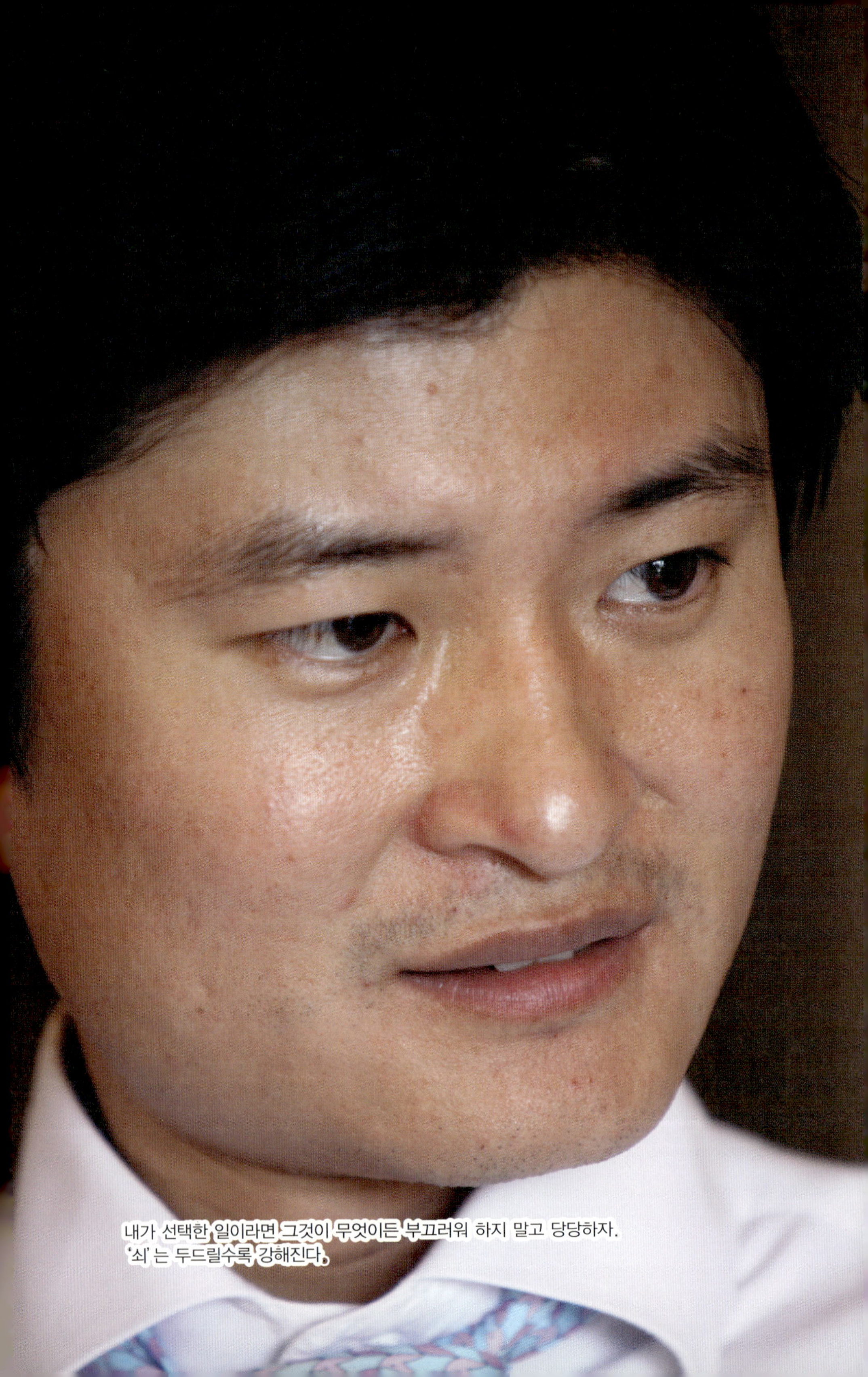

내가 선택한 일이라면 그것이 무엇이든 부끄러워 하지 말고 당당하자.
'쇠' 는 두드릴수록 강해진다.

오갈 데 없는 처지가 된 것도 서러운데 당시 선거에서 경쟁했던 후보자 측으로부터 명예훼손으로 고소를 당했다. 인터넷을 통해 해당 후보를 근거 없이 비방하고 허위사실을 유포했다는 혐의였다. 지금은 이해하지만 그때는 너무 서운했다. '꼭 이렇게까지 해야 하나' 억울한 마음도 들었다.

조사를 받으러 경찰에 출두했더니 같이 선거운동을 했던 캠프의 선후배 이름들까지 목록에 있었다. 다른 방법이 없었고 내 앞에 닥칠 일을 피해 가고 싶지도 않았다. 설사 내가 직접 하지 않았더라도 발생하는 모든 문제는 선거 캠프에서 중심적인 역할을 했던 나의 잘못이기도 하다.

나를 조사하던 경찰에게 담담하게 말했다.

"제가 다 한 겁니다. 다른 사람들은 잘못이 없습니다."

남자답게 내가 모든 책임을 지겠다고 마음먹었다. 해당 후보에게 찾아가 고개를 숙이고 사과를 했다. 선처도 호소했다. 얘기를 들어주기는 했지만 끝내 고소는 취하하지 않았다. 벌금 300만 원 선고를 받았다.

2010년 선거에서는 정반대의 상황이 벌어졌다. 나를 누군가 지속적으로 음해하는 글을 인터넷에 올린 것이다. 고소를 했고 글을 올린 당사자를 만나보니 대학 때 알고 지냈던 동기였다. 처자식과 직장 얘기까지 언급하면서 나에게 사과했다.

4년 전 내 생각이 났다. 사과했지만 용서받지 못했고 그때 일로 나는 전과자가 됐다. 젊은 나이에 씻을 수 없는 이력이 하나 붙은 것이다. 하지만 나는 사과를 받았고 그를 용서하기로 했다. 다른 사람이 나한테 그랬다고 해서 나도 그렇게 할 수는 없었다. 그는 전과자가 될 수도 있었던 인생의 위기에서 벗어났다. 그 역시 젊고 할 일이 많은 사람이었다.

대학 때 작은 폭력 사건에 연루되기도 했다. 젊었고 뜨거운 피가 흐를 때였으며 불의를 보면 참지 못하는 성격 때문에 빚어진 실수였다. 상대는 도저히 용서할 수 없는 사람이었다. 하지만 나도 철이 없었다. 아무리 그가 나쁜 사람이어도 내가 다른 사람을 처벌하거나 응징할 수 있는 권리는 없다.

또 대학 졸업 후 선거캠프에 합류하기 전 제약회사 다니던 시절에는 음주운전으로 적발되기도 했다. 함께 저녁식사를 했던 병원장의 차를 주차장에서 식당으로 가져오다 음주운전 단속에 적발된 것이다. 음주 수치도 낮았고 이동거리도 짧았다. 저녁식사를 함께 했던 상대방에게 예우를 갖추고자 했던 행동이었다. 하지만 음주운전에 어떤 변명이나 핑계도 있을 수 없다.

모두 용서하고 용서도 받고, 죗값도 받은 과거의 일이지만 지금 생각해도 부끄럽다. 세상은 내 마음대로 되지 않고, 내가 하고 싶은 대로 한다고 해서 모든 것이 해결되는 게 아니라는 사실도 절감했다.

가끔 내가 전과자라는 사실이 거북할 때가 있다. 일부는 피할 수도 있었던 책임을 내가 지기 위해, 내가 선택한 일이었다. 가난하면서도 늘 당당했고, 그 가난을 부끄러워하지 않았던 부모님처럼 나도 내가 한 일에 늘 당당하고 부끄럽지 않으려고 노력한다.

기회가 되면 〈칼의 노래〉와 〈옥중서신〉을 올해가 가기 전에 다시 한 번 읽어볼 계획이다. 내가 그동안 살면서 어렵고 힘들다고 느꼈던 일들을 모두 합쳐도 책 속의 이순신 장군이나 김대중 전 대통령이 한순간 겪었던 고난에 비하면 아무것도 아니다. 시련이 오히려 그들을 강하게 만들었고, 큰일의 밑거름이 됐다.

강철은 두드릴수록 강해진다고 했던가. 내가 겪었던 소소한 시련이 나를 더 성숙하게 하고 강하게 만들었다고 언젠가 자랑스럽게 말할 수 있는 순간이 오리라고 믿는다.

우승일지 34R(11월 1일)

사실상 확정

'최종' 확정은 아니었지만 '사실상' 확정이었다. 2연패를 당하며 우승 고지를 눈앞에 두고 주춤했던 대전은 한밭종합운동장에서 열린 홈경기에서 부천 FC를 1-0으로 제압했다. 정석민이 골을 터뜨린 후 감독과 깊은 포옹을 나누는 장면은 지금도 생생하다. 승점 3점을 얻는데 성공한 대전은 승점 66점으로 부동의 1위를 지켰다. 2위 안산 경찰청(57점)과의 승점 차는 무려 9점이다. 대전은 2경기, 안산은 대전보다 한 경기 더 많은 3경기를 남겨놓고 있는 상황이다. 대전이 남은 경기에서 모두 지고 안산이 모두 승리한다는 최악의 시나리오를 그리게 되더라도 양 팀은 동률이다. 하지만 골 득실에서 워낙 차이가 크다. 사실상 우승을 확정 지은 것이다. 만약 34라운드를 내줬다면 정말 마지막 경기까지 안심할 수 없었을 것이다. 최종 확정까지 남은 승점은 단 1점. 다음에 치러질 안양과 안산의 경기에서 안산이 비기기만 해도 대전은 우승을 확정한다. 경기를 마친 뒤 한적한 야외에서 선수들과 삼겹살 파티를 벌였다.

정치도 스포츠도 사람들의 마음을 얻는 것이 중요하다.
대전시티즌 사장 시절 선수들과 진심으로 마음을 나누기 위해 노력했다.

'사랑한다'의 반대말은?

'사랑한다'의 반대말은 '사랑했다'라고 한다. '미워한다', '증오한다', '사랑하지 않는다'가 아니라 '사랑했다'가 '사랑한다'의 반대말이라는 말은 의미심장하다. '사랑했다'는 말은 지금은 사랑하지 않는다는 말과 같다는 뜻이라고 생각한다.

사랑도 그런 것처럼 뭐든 때가 있는 것 같다. 아들과 함께 주말마다 경기장에 직접 가서 한화 이글스를 응원하는 선배가 있다. 아무리 야구를 좋아하더라도 원정경기까지 응원하러 다니는 것은 힘들지 않느냐고 물었다. 그 선배는 말했다.

"또 언제 이렇게 야구장을 다니겠어. 한화가 올해처럼 신나는 경기를 또 하라는 보장도 없고. 아들도 언제까지 같이 다니겠어. 다 때가 있는 거지 뭐."

공부도, 대학도 마찬가지다. 공부해야 할 때가 있고, 놀아도 될 때가 있다. 나는 마지막으로 공부에 집중해야 할 때 뜻하지 않은 일로 방황했다. 모든 것을 포기하면서까지 놀았던 것은 아니지만 공부할 때를 놓친 것은 분명하다. 어쩌면 '공부한다'의 반대말은 놀았다거나 공부하지 않았다가 아니라 '공부했다'인지도 모르겠다.

대학 진학에 실패하자 모든 목표를 상실하고 세상에 내가 있을 곳은 없는 것처럼 여겨졌다. 도망치듯 군대에 갔다. 3월, 꽃 피는 봄이었다. 내 나이 이제 20살. 대학도 못 가고 도망치듯 군대에 가는 나에게 이 세상은 너무 크게 느껴졌다.

아무것도 보이지 않고, 잡히는 것도 없었다. 내 삶을 나 대신 설계해 줄 사람도 없었다.

내던져진 느낌이었다. 어떻게든 이 시간을 돌파하는 것 외에는 다른 어떤 생각도 할 수 없었다. '인생은 살아가는 게 아니라 살아지는 것'이라는 누군가의 말처럼 나는 그때 스스로 살아가는 게 아니라 그냥 '살아지고' 있는 것 같았다. 그나마 '사라지지' 않는 게 다행이라고 위안을 삼았다.

꽃들이 피고 나무에는 물이 오르기 시작하는 3월이었지만 내 청춘은 여전히 겨울처럼 느껴졌다. 그것도 모든 것이 꽁꽁 얼어붙고 눈보라까지 몰아치는 엄동설한. 내 청춘의 봄은 영영 오지 않을 것만 같았다.

제대를 했는데 타이밍이 어중간했다. 이번에도 또 미룰 수는 없었다. 9월부터 부랴부랴 학원을 다니기 시작했지만 수능까지는 불과 2개월 정도밖에 남지 않았다. 그래도 기본기가 남아 있었는지 2개월 공부하고도 대전에 있는 대학을 갈 정도의 점수가 나왔다. 충남대는 근소한 점수 차이로 아깝게 떨어지고 한밭대에 합격했다.

정상적으로 고등학교를 졸업하고 대학에 들어갔으면 94학번이 됐을 텐데 나는 98학번으로 대학생활을 시작했다.

나의 선거 인생, 정치 인생이 본격적으로 시작됐다. 입학하자마자 과대표가 됐다. 그리고 1학년 말 학과 학생회장 선거에 출마했다. 보통 2학년 말 선거를 치르고 3학년 때 학생회장을 맡는데 한 템포 더 빠르게 시작한 것이다.

그때 3학년에 다니던 예비역들이 나와 나이가 같았다. 학년은 아래지만 나이가 같고, 고등학교 동창이니 친구니 하는 관계로 엮이다 보니 후배인 나의 출마를 누구도 말리지 못했다. 3학년 예비역을 누르고 내가 당선됐다. 1학년 말 당선돼 2학년 때부터 학생회장으로 활동한 것이다.

다음 목표는 당연히 총학생회장이었다. 이전 학생회 규칙이 적용됐다면 나는 후보로 출마할 수 없었다. 그런데 총학생회장 피선거권 규정이 그해에 바뀌었다. 당시 총학생회를 잡고 있던 학생들이 연임 욕심을 부려 피선거권 제한을 대폭 풀어준 것이다. '8학기 이내'에서 '4학기 이상'으로 제한이 바뀌었다. 2학년을

나를 위해 열린 길인 것처럼 총학생회장에 당선되었다. 학교를 더 키워보자는 열정으로 시작한 총학생회장, 오늘날 나를 있게한 디딤돌이다.

마치면 나도 선거에 출마할 수 있게 된 것이다. 규정이 바뀌는 것을 보고 "이건 나보고 총학생회장을 하라는 거구나"라는 생각이 들었다.

출마했고 돌풍을 일으키며 총학생회장에 당선됐다. 3학년 1학기부터 임기를 시작했다. 고등학교 때처럼 선거로 나는 또 한 번 인생의 변곡점을 맞게 된 것이다. 그리고 내 운명을 바꾸게 될 결정적인 분을 만나게 된다. 내가 한밭대에 가지 않고 총학생회장에 당선되지 않았다면 만날 일이 전혀 없었을 사람이다.

염홍철 전 대전시장이 총장으로 부임하면서 그때 처음으로 인연을 맺었다. 총장과 총학생회장, 어찌 보면 악연이었다. 교내외로 이슈가 많았지만 특히 학교가 일대 전환기를 맞았다. 삼성동 시절을 접고 유성의 현재 캠퍼스로 학교를 이전하던 시기였고 교명 변경이 추진됐다. 산업대라는 한계를 벗어나 학교를 키워보자는 구성원들의 열의가 넘치던 시기였다. 때로는 싸우고, 때로는 술잔을 나누고, 때로는 배우며 그 시절을 보냈다.

흔히 '늦었다고 생각할 때가 가장 빠를 때' 라고 한다. 개그맨 박명수는 거꾸로 '늦었다고 생각할 때는 정말 늦었다.' 라는 촌철살인의 어록을 남기기도 했다. 늦었다고 생각할 때가 가장 빠른 것인지, 아니면 정말 늦은 것인지 알 수 없지만 모든 것은 때가 있고 타이밍이 중요하다는 말로 이해하면 될 것 같다. 그리고 시간이 더 지나야 정말 늦은 것인지 알 수 있다.

공부에 파고들었어야 할 고등학교 때 농구와 학생회 활동을 하지 않고 공부를 했다면 한밭대를 가지 않았을지도 모른다. 총학생회장을 하더라도 한 번밖에 하지 못했을 수도 있다. 그때 만났던 많은 분들을 만나지 못했을 수도 있다. 결국 나는 다른 사람들보다 늦게 시작했지만 오히려 늦었기 때문에 내 인생의 전환점을 맞은 것인지도 모른다.

어쩌면 "늦었다고 생각할수록 현재에 충실하면 그것이 가장 빠른 것"이 정답일 수도 있겠다는 생각을 한다. '사랑했다' 라는 말 대신에 늘 '사랑한다' 는 말을 하고, '공부했다' 라는 말 대신에 늘 '공부한다' 라는 말을 할 수 있는 삶, 현재에 더 충실한 삶을 살자고 늘 스스로에게 주문을 건다.

때를 놓치면 아무리 소중한 것도, 소중한 사람도 아무 의미가 없다.

많은 사람들의 걱정을 뒤로하고, 대전시티즌은 2부리그에서 우승을 했다. 오늘의 행복한 결말이 내일의 희망이 되기를 기대한다.

우승일지 35R(11월 8일)

유종의 미

K리그 챌린지 우승과 K리그 클래식 승격은 이미 확정됐다. 지난 5일 안산 경찰청과 안양FC의 경기가 1-1로 종료됨에 따라 승점 69점으로, 2위 안산(58)과 승점 차가 8점으로 벌어져 남은 경기 결과와 상관없이 우승이 확정됐다. 다른 경기 결과로 우승이 확정된 만큼 다소 허탈하기도 했다. 그래도 유종의 미를 거두었다. 비록 다른 팀의 경기 결과로 우승이 확정됐지만 우승의 축포는 우리가 쏘아 올려야 했다. 선수들도 그 점을 너무 잘 알고 있었다. 대전은 한밭종합운동장에서 열린 수원FC와의 35라운드 홈경기에서 5-2로 대승을 거두며 챌린지 우승을 자축했다. 승패 여부가 중요하지 않았지만 선수들은 마지막까지 혼신의 힘을 다해 뛰었다. 더구나 상대는 챌린지 첫 경기에서 패배를 안겼던 수원이었다. 승점 이상의 의미가 있는 경기였다. 경기가 끝난 뒤 열린 K리그 클래식 승격 축하 행사에서 우승 트로피를 받았다. 그렇게 애타게 기다리던 우승 트로피를 드디어 품에 안게 된 순간이었다.

다시 한 번 멋진 승부를 향해

내 삶의 가장 중요한 시기에 대전시생활체육회 사무처장과 대전시티즌 사장을 맡았다. 나는 우연이나 운명과 같은 말을 믿진 않지만 때로는 내가 거역할 수 없는 일이 있다고 믿는다. 그 일은 내가 원했든 원하지 않든 모두 거역할 수 없는 일들이었다. 그런 점에서 생활체육회 사무처장과 대전시티즌 사장을 맡게 된 것은 내 운명이었다.

다행히 좋은 성과를 냈다. 운명처럼 다가온 그 일들을 대충 임기나 채우고, 내가 누릴 수 있는 것만 찾으며 할 수는 없었다. 시생활체육회나 대전시티즌은 어쩌면 작은 조직일 수도 있다. 하지만 그곳에서 일하며 나는 리더가 무엇이고, 어떤 사람이 좋은 리더가 될 수 있는지를 배웠다.

내가 모든 것을 잘했다고는 생각하지 않는다. 오히려 나 혼자서는 아무것도 할 수 없다고 생각했다. 나는 목표와 원칙과 방향만 세우고 그것이 흔들림 없이 지켜질 수 있도록 바람막이 역할만 하면 된다고 믿었다. 다만 내가 할 일이 무엇인지는 잘 알고 있었고, 그 할 일을 임기 내내 충실히 수행했다고 자신한다.

어쩌면 그 일들과 정치는 아무런 상관이 없을 수도 있다. 하지만 나는 생활체육회 사무처장이든 프로축구 구단 사장이든 사람들의 마음을 얻지 않으면 어떤 일도 제대로 할 수 없다는 사실을 배웠다. 그것이 정치에서도 똑같이 적용되는 불변의 진리라면 나는 그 누구보다 정치인으로서의 훈련을 잘 받은 것이다.

리더의 역할을 자주 고민한다. 내가 과연 리더가 될 수 있을지를 생각하고, 어떤 리더가 되어야겠다는 생각도 자주 한다. 물론 그것은 아직 머릿속에 있을 뿐이다. 나이는 이제 마흔이 넘었지만 아직 모든 것이 덜 영글고 부족하다. 마음먹은 대로 되지 않을 때가 더 많고 결심이 흔들릴 때도 많다.

나는 오리지널 정치인이 아니다. 선거 캠프에서 선거 운동을 하며 정치와 인연을 맺었다. 물론 나는 이제 초등학교 시절 우리나라 대통령이 미국 대통령과 양국 국기 앞에서 악수를 나누고 대화를 나누는 장면을 보고 '대통령이 되겠다' 고 결심한 그 시절의 내가 아니다. 오리지널 정치인으로 살지는 않았지만 정치가 무엇인지 알게 됐고, 아무나 대통령이 될 수 있는 게 아니라는 것쯤은 알 만한 나이가 되었다.

이제 내가 품었던 꿈을 나를 위해서가 아니라 내가 속해 있는 지역사회, 나와 함께 살고 있는 지역민들을 위해 펼쳐야 할 때가 왔다는 것을 나는 안다. 많은 사람들이 묻는다. 앞으로의 행보가 뭐냐고. 총선에 출마할 거냐고. 보통 이런 질문을 받을 때 능숙한 정치인이라면 명분과 실리를 모두 얻을 수 있는 답을 해야 할 텐데 아직은 내가 그렇게 능숙하지 못하다.

그것을 선택해야 하는 상황이 온다면 나와 지역사회, 그리고 우리나라의 미래를 위해 무엇이 좋은 것인지 치열하게 고민해볼 생각이다. 다만 내가 생각하는 정치에 대한 그림은 있다.

흔히들 정치, 혹은 선거를 '제로섬 게임'이라고 한다. 제로섬 게임은 승자독식의 게임이다. 내가 10을 얻으면 상대는 10을 잃는다. 거꾸로 상대가 10을 얻으면 내가 10을 잃는다. 반드시 이겨야 사는 게임이다. 결국은 반목과 복수의 정치가 반복될 뿐이다.

승자만이 살아남는 스포츠 역시 제로섬 게임이다. 특히 축구나 야구처럼 시즌 내내 경기가 치러지는 프로스포츠는 더더욱 그렇다. 시즌이 끝나고 모든 팀들의 승(+), 패(-)를 합하면 0이 된다. 이기는 팀이 있으면 지는 팀도 있고, 내가 이기면 상대가 지는 치열한 승부의 세계다.

하지만 스포츠의 매력은 그 와중에도 상대방의 손을 들어줘야 진정한 승자가 되고 아름다운 패자가 된다는 데 있다. 올림픽 시

이 순간을 함께한 모두 분들을
기억하며 더 밝고 희망찬 미래를
만들 수 있는 일을 끈임없이 고민
할 것이다

상식에서 금메달 수상자가 자기보다 한 칸 아래에 서 있는 은메달과 동메달 수상자의 손을 함께 들어 올리는 것은 단순한 세리머니가 아니라 진정으로 승자를 축하하고 패자를 격려하는 아름다운 관행이다.

나는 이런 올림픽 시상식과 같은 정치를 하고 싶다. 경기 중에는 정말 사생결단으로 싸우지만 경기가 끝난 뒤에는 승리와 패배를 받아들이고 서로의 손을 번쩍 들어주는 그런 정치 말이다. 아직 정치를 잘 몰라서 순진한 생각을 하고 있는 것이라고 핀잔을 들어도 어쩔 수 없다. 나부터도 생각처럼 잘 안될 수도 있다. 그렇다고 지금부터 그런 생각을 포기하면서 정치생활을 시작하고 싶지는 않다.

사석에서 선후배들을 자주 만난다. 선거 과정에서 상대편의 캠프에 몸담고 있으면서 우리를 향해 서슴없이 공격의 말들을 던졌던 분도 있다. 또 어떤 분은 직접적으로 후보자나 나에게 상처를 줬던 분들도 있다. 하지만 사석에서 만나면 모두 존경할 만한 훌륭한 분들이다. 그저 상황이 그랬을 뿐이다. 나는 이런 사람들을 잃으면서까지 나의 목표에만 매달리고 싶지는 않다.

축구공은 둥글다. 승부의 세계는 냉혹하지만 어디로 어떻게 튈지 몰라 늘 이변을 낳기도 한다. 축구는 36라운드 경기로 정규 시즌의 막을 내린다. 1위도 있고 꼴찌도 있다. 그리고 모든 팀이 다음 시즌을 준비한다.

정치도 스포츠와 비슷하다. 경기가 끝나면 승자가 있고 패자도 있다. 그라운드에서는 모두가 경쟁자고 제압해야 할 상대지만 그라운드를 나오면 모두가 같은 길을 가고 있는 동료일 뿐이다. 정치도 그랬으면 좋겠고, 내가 정치인의 길을 걷게 된다면 그런 정치인이 되고 싶다.

대전시티즌은 2부 리그 챌린지 우승으로 2014년 시즌을 마쳤다. 나도 대전시티즌 사장 자리에서 물러났다. 대전시티즌에게도 1부 리그 클래식에서 새로운 도전과 시련이 기다리고 있는 것처럼 나 역시 새로운 도전과 시련이 펼쳐지고 있다. 대전시티즌도, 나도, 뜨거웠던 2014년처럼 항상 아름답고 멋진 승부를 펼쳤으면 좋겠다.

우승일지 36R(11월 16일)

마침표

긴 여정이었다. 선수들은 유종의 미를 거두고 싶어 했고, 마지막까지 그라운드에서 최선을 다했다. 대전은 안산에서 열린 36라운드 마지막 경기에서 안산 경찰청과 1-1로 비겼다. 선제골을 넣은 뒤 아쉽게 동점골을 허용했다. 이로써 대전은 36라운드 대장정에 마침표를 찍었다. 2부 리그 강등이라는 충격과 아픔을 딛고 대전은 놀라운 기적을 이루었다. 통산 성적 20승 10무 6패로 시즌 내내 부동의 1위 자리를 지켰다. 마치 2부 리그 강등의 아픔을 그라운드에서 모두 떨쳐내기라도 하듯 매 경기 후회 없는 명승부를 펼쳤다. 물론 잠시 위기도 있었다. 한동안 승리를 맛보지 못하기도 했다. 그것은 선수단의 잘못이 아니다. 한 경기라도 빨리 자력으로 우승을 확정 지으려는 나의 조급함 때문이었다. 감독과 선수들에게는 아무 잘못이 없다. 그리고 우승과 1부 리그 승격이라는 값진 선물은 오로지 감독과 선수들이 일군 작품이다. 지금도 가슴이 뜨겁다. 다시 한 번 그들에게 진심으로 응원의 박수를 보낸다.

내 앞에 어떤 길이 펼쳐질지 아직은 모른다. 대전시티즌과 함께 했던 2014년처럼 항상 아름답고 멋진 승부를 펼치고 싶다.

EPILOGUE

모든 축구는 0대 0에서 시작한다. 정해진 시간 동안 많은 골을 넣는 팀이 이기는 경기다. 시간이 지날수록 불안한 것은 약팀이 아니라 강팀이다. 당연히 먼저 골을 넣어야 하고, 이겨야 한다는 부담감이 가중된다.
약팀에게는 그 반대다. 밑져야 본전이다. 2014년 K리그 챌린지에서도 대전시티즌은 약체로 꼽혔다. 시즌 초 선수들에게 이렇게 말했다. "맞다. 우리는 약팀이다. 하지만 초조한 것은 상대팀이다. 우리는 불리할 것도, 손해 볼 것도 없다."
선수들에게 항상 약한 상대를 만났을 때 쉽게 보지 말고, 강한 상대를 만났을 때 두려워하지 말자고 주문했다.
우리를 약한 상대라고 쉽게 보는 팀이 있다면 그것은 아주 다행스러운 일이라고. 많은 팀들이 대전시티즌을 얕보다가 일격을 당했다. 대신 우리는 약한 상대를 만나도 쉽게 보지 않고, 강한 팀을 만나도 절대 주눅 들지 않았다.
그리고 수비수는 공격 전개를 잘해야 한다. 미드필드는 이러한 수비수들의 공격 전개를 공격력으로 이어줄 수 있는 창의력이 있어야 하고, 공격수들은 결정력이 있어야 한다. 이렇게 3박자가 맞는 전술이 이루어지는 경기에서는 아무리 강한 팀을 만나도 이겼다.
정치도 세상일도 마찬가지인 것 같다. 아무리 그 분야의 전문가라고 해도 누구에게나 시작은 있는 법이다. 중요한 것은 그런 전문가들로부터 경험과 노하우를 배우겠다는 겸손한 자세와 주눅 들지 않는 패기라고 생각한다. 어차피 세상일은 누구에게나 모두 '첫 경험'이다.

또 약한 사람을 만나도 그 사람을 쉽게 보지 않고, 강하고 높은 사람을 만나도 당당할 수 있으면 좋겠다. 약한 사람에게 강하고, 강한 사람에게 약한 사람은 되지 말자고 늘 스스로를 다짐한다. 앞으로 정치인으로 살든, 그렇지 않든 그런 사람으로 기억되고 싶다.

축구는 종합예술이라고 한다. 정치, 경제 · 경영, 사회, 문화, 행정, 언론, 스포츠, 그야말로 모든 요소가 녹아 있다. 또 인간의 본성을 가장 적나라하게 반영하는 스포츠이기도 하다.

정치도 그런 것 같다. 축구처럼 그 모든 것이 녹아 있다. 심지어 나를 지지해주는 팬도 있고, 싫어하는 안티 팬이 있는 것조차 그 둘은 닮았다. 어디로 튈지 모르는 축구공처럼 정치도 한치 앞을 내다볼 수 없다.

'축구공은 둥글다'는 말 속에는 의외성과 함께 누구에게나 똑같은 기회가 주어진다는 공평성의 원칙이 녹아있다고 믿는다. 약팀도 얼마든지 골을 넣을 수 있고, 승리를 거두고, 우승까지 할 수 있다. 나는 그래서 축구를 사랑한다.

이 책은 축구 얘기다. 그것을 통해 세상 이야기를 하고 싶었다. 술잔을 기울이며 한 번쯤은 나누고 싶었던 그런 이야기들. 재미있게 얘기하고 싶었는데 마음먹은 대로 잘 되지 않았다. 술잔을 건네고 부딪히며 외치는 나의 건배사 정도로 이야기를 들어주셨다면 더 바랄 게 없겠다.

"축구공처럼 둥근 세상을 위하여!"

"축구공처럼 둥근 삶을 위하여!"

세상을 움직이는 것

2015년 11월 20일 인쇄
2015년 11월 27일 발행
지 은 이 **김세환**
펴 낸 이 **성정화**
편집 · 디자인 **송신호**
펴 낸 곳 **도서출판 이화**
대전광역시 중구 대종로 505번길 54 장현빌딩 2층
Tel. 042-255-9707 / Fax. 042-255-9709

ISBN 978-89-6439-102-0 03040
정가 15,000원